POUR QUEL TRAVAIL ÊTES-VOUS FAIT ?

Dans la même collection
QUEL EST VOTRE PROFIL AMOUREUX ?, Catherine Maillard
AVEZ-VOUS UNE BONNE MÉMOIRE ?, Sandrine Coussinoux, Dominique Imbert et Natacha Quintard

www.editions.flammarion.com

ISBN : 2-0820-1213-1
N° d'édition : FT1213-01
Dépôt légal : janvier 2004

Thierry M. Carabin

POUR QUEL TRAVAIL ÊTES-VOUS FAIT ?

Flammarion

SOMMAIRE

INTRODUCTION

Choisir un métier ou définir une orientation professionnelle est un des choix les plus importants de nos vies. Cependant, il est encore quelquefois le fait du hasard. Un camarade de lycée opte pour telle faculté et nous le suivons parce que nous n'avons pas d'idée particulière sur notre avenir. Nous ouvrons le journal à la page des petites annonces et offrons nos services à qui veut bien les acheter. Un parent ou un ami nous fait entrer dans une grande compagnie dont l'activité ne nous intéresse aucunement mais nous y allons, faute de savoir ce que nous pourrions faire d'autre.

Cet ouvrage est d'abord un outil de réflexion. Il va vous permettre de découvrir et mesurer objectivement vos potentiels, vos aptitudes, vos connaissances et vos traits de caractère. Au-delà de la connaissance empirique, le test vous donne un résultat. Vous vous jugez persévérant ? Le test vous permettra de savoir objectivement que vous l'êtes davantage ou moins que la moyenne de la population. Vous pensez être un bon chef d'équipe ? Après le test, vous en aurez la confirmation ou vous découvrirez quelques lacunes dans vos techniques d'encadrement. Une bonne relecture des questions vous aidera à définir les formations qui vous seront utiles pour progresser. Surtout, ce test, composé de dix-huit indicateurs différents, est semblable à celui que vous pourriez passer dans le cadre d'un bilan de compétences. Il va vous faire découvrir vos atouts et votre tempérament, de façon objective.

Dans la seconde partie, chaque indicateur est traité distinctement. Nous vous conseillons de ne lire cette seconde partie qu'après avoir fait le test et calculé vos scores. Nous vous recommandons alors d'aller lire les chapitres correspondant à vos résultats les plus élevés. Ceux-ci constituent vos traits dominants. Une lecture attentive des commentaires relatifs à ces indicateurs vous permettra de noter d'abord les caractéristiques du travail vous convenant le mieux. Des suggestions de métiers ou de fonctions vous sont faites au fil de ces pages. Relevez celles qui vous semblent les plus adaptées ou, tout simplement, celles qui vous intéressent.

Afin de vous permettre de conforter votre choix, un petit répertoire de métiers a été ajouté, tout à la fin de l'ouvrage. Pour chaque profession évoquée, nous avons indiqué quels seraient les critères de choix d'un conseil en recrutement. Il est alors aisé de comparer, pour le travail qui vous intéresse, vos résultats au test avec les scores jugés nécessaires pour réussir. Cette dernière étape doit vous permettre de valider votre choix.

Ainsi, ce livre est destiné à vous accompagner tout au long de votre réflexion. Il vous permet de faire le point objectivement et en toute confidentialité. Il nourrit et guide votre réflexion. Il conforte votre choix d'orientation ou vous permet de découvrir une option différente et d'en saisir les motivations.

Votre avenir vous appartient. L'objectif de ce livre est de vous donner des moyens : ceux de mieux le dessiner. Puisse votre devenir professionnel vous apporter tout l'épanouissement que vous en attendez !

Les tests

Consignes pour le grand test

Le test que vous allez faire vous apportera de multiples enseignements si vous respectez strictement les consignes.

• Arrangez-vous pour ne pas être dérangé.

• Organisez-vous pour faire le test d'une traite (c'est l'idéal) ou tout au moins dans la même journée.

• L'ensemble du test n'est pas chronométré. Vous pouvez donc vous octroyer des pauses sans nuire à sa validité.

• Le recours à une tierce personne, à une calculatrice, à un dictionnaire ou à quelque autre aide que ce soit invalide le test.

• Ne revenez jamais sur vos réponses aux questions. Toute modification *a posteriori* vous empêchera d'obtenir la mesure fidèle que vous souhaitez.

• Ne revenez jamais en arrière pour ajouter une réponse ou écrire celle que vous n'aviez pas trouvée sur le champ. Là encore, vous fausseriez le résultat.

• N'accordez jamais plus d'une minute à une question. Si vous n'avez pas trouvé de réponse dans ce délai ou n'avez pu vous décider pour l'une des propositions, n'écrivez rien et passer à la question suivante.

Ce maximum d'une minute s'applique à toutes les questions du test, sans exception aucune, quelle que soit la forme de la question, quel que soit le nombre de sous-questions, quels que soient le nombre et la nature des réponses attendues.

Plus vous serez rigoureux avec vous-même lors de l'application du test, plus il vous apportera d'enseignements utiles sur vous-même. Votre avenir est au bout du test !

Maintenant c'est à vous ! Avant de commencer, activez le répondeur du téléphone. Demandez à la famille de ne pas vous interrompre. Prenez une carafe d'eau ou préparez votre théière favorite. Prenez un stylo ou quelques crayons bien taillés. Installez-vous à une table ou à votre bureau pour commencer le test.

Le grand test

Question 1

Quand vous arrivez dans une ville pour la première fois, vous organisez-vous toujours pour disposer d'un peu de temps afin de parcourir cette place renommée, visiter ce musée si connu, voir cette cathédrale si particulière, ou découvrir telle autre curiosité ?

A. Oui, j'agis toujours ainsi.
B. Oui, j'agis ainsi quand cela est possible.
C. J'agis ainsi si je suis en vacances.
D. Je n'agis jamais ainsi.

Votre réponse : . . C . . . . . B

Question 2

Dans la famille ou parmi vos relations, quand un problème technique se pose, est-ce vers vous que l'on se tourne ?

A. Oui, invariablement, je suis le premier à être sollicité.
B. Oui, quand c'est un problème de mécanique.
C. Oui, quand c'est un problème de construction.
D. Oui et je viens volontiers en aide, comme les autres d'ailleurs.
E. Oui, ils en parlent, évidemment, mais ils comptent davantage sur moi pour d'autres types de problèmes.
F. Non, jamais. Ils ont raison d'être prudents !

Votre réponse : . E . . . . . E

Question 3

À votre avis, le mot ci-après est-il correctement orthographié ?

Mot : « vil »

A. Correctement orthographié.
B. Incorrectement orthographié.

Votre réponse : . A . . . . . A

Question 4

Lisez les deux propositions. Quelle est votre attitude ?

A. Chez moi, c'est un réflexe, c'est spontané. Dès que quelqu'un parle d'un projet nouveau, tout de suite, je l'encourage.

B. Quand quelqu'un me parle d'un projet nouveau, je me garde de le bercer d'illusions et l'invite à prendre beaucoup de temps pour bien réfléchir.

Votre réponse : . . .A. . . . B

Question 5

On a ajouté 10% à un nombre avant de retirer 45, de diviser le reste par deux et enfin d'y ajouter dix pour obtenir quinze. Quel est le nombre de départ ?

A. 150 B. 110 C. 60 D. 50

Votre réponse : . .D. . . . D

Question 6

Recherchez-vous systématiquement l'échange de points de vue avec des personnes appartenant à des catégories socio-économiques différentes de la vôtre ?

A. Oui, systématiquement.

B. Non, pas spécialement.

Votre réponse : . .B. . . . . B

Question 7

Vous êtes garagiste. Vous réparez des véhicules de tous types et toutes marques. Une part importante de votre clientèle est constituée de personnes montant ou adaptant des châssis à des applications « tout terrain ». Qui doit choisir les logiciels de traitement de textes et de préparation comptable : vous ou votre secrétaire comptable ?

A. Moi.

B. Le secrétaire comptable.

Votre réponse : . .B. . . . . B

Question 8

Lequel de ces deux propos entendez-vous le plus fréquemment ?

A. Toi, tu serais capable de tout faire tout seul.

B. Toi, tu sais compter sur les autres.

Votre réponse : .B. . . . . A

Question 9

Lorsqu'une mission vous est confiée, quel est votre tout premier réflexe ?

A. Penser à ce qui me sera nécessaire.

B. Penser à ceux qui pourraient m'aider.

Votre réponse : . . B. . . . . A

Question 10

Comment se présente votre bibliothèque ?

A. Pas trop de livres, d'abord ceux que j'ai choisis, que j'aime lire, relire, caresser de la main et des yeux.

B. Des livres sur tout, des encyclopédies, des dictionnaires,... bref, on y trouve tout ce qui a excité ma curiosité, un jour.

Votre réponse : . . B. . . . B

Question 11

D'une façon générale, vous vous considérez comme...

A. Plus émotif que la moyenne des individus.

B. Moins émotif que la moyenne des individus.

Votre réponse : . A . . . . . A

Question 12

Vous avez invité des relations au restaurant. Vous avez choisi ce dernier en fonction d'un menu conforme à votre budget. Cependant, voici qu'un invité se laisse attirer par la carte, ce qui pourrait fortement alourdir l'addition. Que faites-vous ?

A. Je ne fais rien car je ne peux lui interdire de choisir.

B. Je dis : « Au fait, mon intention était de proposer à tout le monde le menu de la page 4. Le plus simple est peut-être que je note le choix de chacun. »

C. Je me promets d'agir différemment la prochaine fois.

D. Je commence à rougir et je me lance dans un discours supposé promouvoir le menu qui me convient.

Votre réponse : . . . C. . . . A

Question 13

Êtes-vous très persévérant ?

A. Oui. B. Non.

Votre réponse : . . . B. . . . B

Question 14

À votre avis, le mot ci-après est-il correctement orthographié ?

Mot : « batard »

A. Correctement orthographié.

B. Incorrectement orthographié.

Votre réponse : . A . . . . . . A

Question 15

Vous êtes appelé à travailler dans les services comptables. Vous avez à choisir entre le travail en agence et le travail au siège. Vous savez qu'en agence, il vous faudra travailler seul et sans aide permanente. Au siège, par contre, le travail se fait en équipe sous la conduite d'un responsable. Que choisissez-vous ?

A. Agence. B. Siège.

Votre réponse : . B . . . . . A

Question 16

Quel propos entendez-vous le plus fréquemment ?

A. Grâce à toi, tout est devenu simple.

B. Grâce à toi, plus personne ne comprend rien.

Votre réponse : . . . . A

Question 17

Affirmeriez-vous que vous avez vraiment l'esprit de synthèse ?

A. Oui, sans aucune hésitation.

B. Non, pas spécialement.

Votre réponse : . . A . . . . A

Question 18

Certains se noient dans un verre d'eau. D'autres sont à l'aise dans les situations les plus complexes. Et vous ?

A. Je suis vraiment à l'aise dans les situations les plus complexes.

B. Il m'arrive de me perdre... comme tout le monde !

Votre réponse : . B . . . . . B

Question 19

Dans votre association, une soirée dansante est projetée. Quel est votre rôle ?

A. Je vois tout de suite la liste des tâches à mener à bien. Je la dresse pour faciliter la répartition et synchroniser le tout.

B. Je préfère m'occuper des choix de décors.
C. Je me propose pour le choix des mets.
D. Je souhaite travailler sur les choix musicaux.
Votre réponse : . . A. . . . . A

Question 20

On a retranché 20% à un nombre. Ensuite, le solde a été divisé par huit. Enfin, il a été relevé de 30% pour obtenir treize. Quel est le nombre de départ?

A. 100 B. 125 C. 139 D. 150
Votre réponse : . . . A. . . . A

Question 21

Combien de fois ouvrez-vous votre encyclopédie?

A. Au moins une fois par semaine.
B. Au moins une fois par quinzaine.
C. Au moins une fois par mois.
D. Moins souvent.
E. Je n'ai pas d'encyclopédie.
Votre réponse : . . B. . . . B

Question 22

Objectivement, vos clients vous trouvent-ils méthodique?

A. Oui. B. Non.
C. Je ne sais pas car je n'ai jamais entendu de remarque sur ce sujet.
Votre réponse : . . C. . . . . A

Question 23

Parler en public est un exercice délicat. Pour vous, comment cela se passe-t-il?

A. Plutôt bien.
B. Plutôt difficilement.
C. Cela ne se passe pas car je refuse de parler en public.
Votre réponse : . . . B. . . . . A

Question 24

La publicité pour le cinéma nous invite à pleurer et à rire avec les acteurs. Vous, riez-vous ou pleurez-vous en regardant un film?

A. Oui, plutôt davantage que les autres.
B. Oui, plutôt moins que les autres.

C. Non, jamais, ni au cinéma ni devant la télévision.

Votre réponse : . . . A . . . . . B

Question 25

Hier, dimanche, vous avez profité du repas chez les parents pour tenter de convaincre vos frères et sœurs de s'unir pour offrir un gros cadeau commun lors de la célébration des noces d'or, dans une dizaine de mois. Vous n'avez pas réussi. Que décidez-vous ?

A. Tant pis pour eux, moi, j'ai une idée de cadeau formidable que je peux financer seul.

B. Nous avons encore du temps, donc, je reformulerai ma proposition entre deux sujets lors de mes prochains contacts téléphoniques avec chacun.

Votre réponse : . . B . . . . . B

Question 26

Seriez-vous plutôt « bon marathonien » ?

A. Oui, je préfère les efforts de longue haleine.

B. Non, je préfère les efforts courts et répétés.

Votre réponse : . . . B . . . . B

Question 27

Vous êtes chef de la comptabilité fournisseurs. Une modification de la réglementation fiscale impose la mise en œuvre d'une nouvelle procédure qui vient de vous être communiquée. Que faites-vous ?

A. Je rédige une note de procédure. Je la fais photocopier et distribuer pour application sans délai.

B. Je prépare un mémo. Au cours d'une réunion du service, j'explique le nouveau processus. À l'aide d'exemples, je m'assure que chacun a compris. Enfin, je distribue le mémo.

Votre réponse : . . . B . . . . A

Question 28

Vos propos choquent-ils les autres ?

A. Oui, régulièrement.

B. Oui, parfois, c'est inévitable.

C. Non, jamais, je me censure très bien.

Votre réponse : . B . . . . . B

Question 29

Un nombre a été multiplié par cinq, avant d'être divisé par dix, puis multiplié par deux pour obtenir cinquante. Quel est le nombre de départ ?

A. 30 B. 40 C. 50 D. 60

Votre réponse : . . C C

Question 30

À votre avis, le mot ci-après est-il correctement orthographié ?

Mot : « phraséologie »

A. Correctement orthographié.

B. Incorrectement orthographié.

Votre réponse : . . B . . . . A

Question 31

Vous êtes invité à dîner. Le maître de maison s'enquiert de vos habitudes alimentaires. Que répondez-vous ?

A. Je lui réponds tout de suite : « Pas de souci. Je mange de tout. Faites comme pour vous. Ce sera très bien. »

B. Je le remercie de son attention et lui confirme les règles auxquelles je me tiens.

Votre réponse : . . . B . . . . A

Question 32

Dans votre vie professionnelle, face à un cas particulier, que faites-vous ?

A. J'adapte la procédure en respectant l'esprit des textes.

B. J'en réfère à la hiérarchie.

Votre réponse : . . . . A . . . . B

Question 33

Dans votre immeuble, l'Association des Résidents a décidé d'organiser un apéritif commun en fin de journée dans le jardin. Votre mission consiste à mettre en place et monter les accessoires nécessaires, soit, pour l'essentiel, les tables qui serviront de buffet. Une voisine arrive avec des petites saucisses de Strasbourg à réchauffer. Que faites-vous ?

A. J'en réfère au syndic.

B. J'en réfère au président de l'Association des Résidents.

C. Je vais chercher un câble électrique et je tire une ligne depuis le hall de l'immeuble.

Votre réponse : . . C C

Question 34

Selon vous, la « morale des affaires » existe-t-elle, ou pas ?

A. Oui, elle existe.

B. Non, elle n'existe pas.

Votre réponse : . . A . . . . B

Question 35

En voyage à l'étranger, comment choisissez-vous les restaurants ?

A. Je fais confiance aux grandes chaînes hôtelières ou aux établissements reconnus pour servir une cuisine « internationale ».

B. Je mange dans les restaurants sélectionnés par l'agence de voyage. Généralement, cela se passe fort bien. En tous cas, je n'ai jamais eu de mauvaise surprise.

C. Je cherche à manger comme les autochtones ou, en tous cas, à fréquenter les mêmes restaurants qu'eux.

Votre réponse : . C . . . . . B

Question 36

Dans un bar ou une brasserie, parlez-vous facilement avec les autres clients ?

A. Oui, cela m'arrive régulièrement.

B. Oui, cela m'arrive moins souvent que je ne le voudrais.

C. Non, ce n'est pas dans mes habitudes.

Votre réponse : . . . B C

Question 37

Indiquez votre préférence en tant que sportif pratiquant (différent de sportif spectateur).

A. Sport individuel.

B. Sport d'équipe.

Votre réponse : . . B . . . . . A

Question 38

Selon vous, dans une équipe le chef doit-il d'abord commander ou recueillir l'accord d'une majorité sur le but à atteindre ?

A. D'abord commander.

B. Recueillir l'accord d'une majorité sur le but à atteindre.

Votre réponse : . . B. . . . . A

Question 39

Combien de langues parlez-vous suffisamment bien pour tenir une petite conversation ?

A. Une langue.

B. Deux langues.

C. Trois langues et plus.

Votre réponse : . . B. . . . . B

Question 40

Comment pensez-vous que le service doit être assuré dans un restaurant ?

A. En fonction du style choisi par le patron.

B. En fonction des désirs des différents clients.

Votre réponse : . . . B. . . . A

Question 41

Quelle méthode préférez-vous ?

A. Je préfère être responsable sur un objectif et ne pas avoir de comptes à rendre sur mon organisation.

B. Je préfère être responsable de mes actes, c'est-à-dire du respect des règles et consignes reçues, et ne pas avoir à rendre de comptes si l'objectif n'est pas atteint.

Votre réponse : . . . B. . . . A

Question 42

Vous arrive-t-il de vous plaindre de la lourdeur des contraintes imposées par la hiérarchie dans les organisations auxquelles vous participez, que ce soit dans la sphère professionnelle ou dans la sphère associative ?

A. Oui, trop souvent à mon goût. On dirait que certains ressentent le besoin de tout dicter dans les moindres détails, comme si ce n'était pas le résultat qui comptait.

B. Oui. Cela m'ennuie d'ailleurs. J'aime vivre à ma guise. Dans notre univers, il y a trop d'interdits et de « conventions » à respecter.

C. Oui, c'est contraignant parfois mais c'est bien nécessaire.

D. Non, ou alors cela arrive rarement.

Votre réponse : . . . . A. . . C

Question 43

Êtes-vous d'accord ou pas avec cette affirmation : « Dans la vie, la véritable loi, celle qui prime, c'est celle du plus fort. » ?

A. Oui, je suis d'accord.

B. Non, je suis en désaccord.

Votre réponse : . A . . . . . B

Question 44

Si un commerçant se trompe dans une addition et si c'est à son désavantage, que faites-vous ?

A. Rien. B. Je corrige.

Votre réponse : . . B . . . . A

Question 45

Entre deux portes, vous aviez convenu avec Charles que vous l'aideriez à repeindre ses volets. Vous aviez presque oublié. Vous avez projeté autre chose pour cette fin de semaine et un message de Charles sur votre répondeur vous confirme qu'il vous attend. Que faites-vous ?

A. Je lui téléphone pour lui dire que je suis surpris et que je m'attendais à ce qu'il se manifeste trois jours plus tôt. Je précise que, bien évidemment, je suis toujours d'accord pour aider, bien sûr, plus tard, mais pas ce week-end. S'il a le mauvais goût de dire qu'il regrette ou d'insister, je lui dirai que je n'ai pas promis.

B. Sincèrement, je suis ennuyé. Je n'avais pas noté la date ou, alors, il avait oublié de la préciser. Je ne sais plus. C'est peut-être moi qui ai été distrait. Je lui téléphone pour m'assurer que c'est ferme pour cette fin de semaine. Si c'est le cas, j'irai l'aider. Pour le reste, je verrai une autre fois.

C. Cette question ne peut me concerner. Je n'ai aucune relation du nom de Charles, pas plus que portant un autre nom d'ailleurs. Du reste, je ne vois pas pourquoi il veut repeindre ses volets lui-même, ce Charles. Enfin, ce sont « ses affaires » et je ne m'en occupe pas.

Votre réponse : . . B . . . .

Question 46

Selon vous, par qui est conférée l'autorité ?

A. Par le groupe.

B. Par la tutelle ou instance supérieure.

Votre réponse : . . B . . . . .

Question 47

Quelle influence a, selon vous, le conjoint dans la vie professionnelle ?

A. Aucune.

B. Une influence dans la mesure où l'harmonie qui règne dans le ménage rend plus disponible et plus serein.

C. Une influence certaine... d'ailleurs, j'y ai pensé au moment de choisir.

Votre réponse : . . B. . . . .

Question 48

Quel nombre continue la série ci-dessous ?

81 – 90 – 99 – 108 – . . . .

A. 115 B. 117 C. 119

Votre réponse : . . B . . . .

Question 49

Quel nombre continue la série ci-dessous ?

200 – 180 – 162 – 146 – 132 – . . . .

A. 120 B. 112 C. 122

Votre réponse : . . A. . . . .

Question 50

Parmi les propositions présentées, quelle est celle qui a le sens le plus proche de ce que Montesquieu exprime dans cette citation extraite de *Mes pensées* : « L'argent est très estimable, quand on le méprise. » ?

A. L'importance de l'argent ne doit jamais être sous-estimée.

B. Quand on est capable de le mettre à son service, l'argent est utile.

C. Il convient d'estimer l'argent.

D. L'argent brille toujours, même quand on fait mine de le mépriser.

E. Le mépris de l'argent ne peut engendrer l'estime.

Votre réponse : . . . B . . . .

Question 51

Parmi les propositions présentées, quelle est celle qui a le sens le plus proche de ce que Simone de Beauvoir exprime dans cette citation extraite du tome 1 du *Deuxième sexe* : « Le couple heureux qui se reconnaît dans l'amour défie l'univers et le temps ; il se suffit, il réalise l'absolu. » ?

A. Les couples sont heureux quand ils ne se font absolument aucune histoire.

B. Le bonheur du couple est un défi.

C. Aimer, c'est défier l'univers entier.

D. Le bonheur du couple tient à la dimension du défi.

E. Tout au bonheur de l'amour partagé, le couple constitue un modèle d'idéal.

Votre réponse : . E. . . . .

Question 52

Parmi les affirmations ci-dessous, laquelle représente le mieux votre état d'esprit habituel ?

A. J'ai parfois du mal à décider qu'un travail est terminé : il me semble qu'il y a toujours quelque chose à fignoler.

B. Quelle que soit la nature du travail effectué, il faut qu'il soit bien fait. C'est ma fierté et je m'organise pour qu'il en soit ainsi.

C. Je fais « bien ». On n'a rien de sérieux à me reprocher ni dans l'entreprise ni à la maison.

D. À partir du moment où « les choses peuvent aller », il n'y a pas de raison pour en faire plus. On n'a qu'une vie.

Votre réponse : . . A . . . .

Question 53

Quand vous rencontrez votre supérieur hiérarchique, mettez-vous systématiquement en avant votre grande disponibilité ?

A. Oui. B. Non.

Votre réponse : . . B . . . .

Question 54

Quand des amis vous invitent à pendre la crémaillère, que regardez-vous en premier ?

A. Le choix des teintes pour la décoration intérieure.

B. Que les peintures ne bavent pas et que les petits aménagements soient solides.

Votre réponse : . . A . . . .

Question 55

À votre avis, le mot ci-après est-il correctement orthographié ?

Mot : « sialitique »

A. Correctement orthographié.

B. Incorrectement orthographié.

Votre réponse : . . . . B . . .

Question 56

Selon le bon sens populaire, il est préférable d'en avoir dans la cervelle… Choisissez la bonne orthographe.

A. Du plomb. B. Du plonb.

Votre réponse : . A. . . . .

Question 57

Êtes-vous de ceux qui ont leur méthode pour rechampir les baguettes ou tapisser seul ?

A. Oui. B. Non.

Votre réponse : . . A. . . . .

Question 58

Samedi soir, vous dînez chez des amis. La dernière avarie du lave-vaisselle est évoquée. Que dites-vous ?

A. Généralement, je sais ce qu'il faut faire. Je le dis tout simplement.

B. Le plus souvent, je ne dis rien plutôt que de dire des bêtises.

Votre réponse : . . . B. . . .

Question 59

Pour vous, la carrière professionnelle passe-t-elle avant les loisirs ?

A. Oui. B. Non.

Votre réponse : . . B. . . .

Question 60

Avez-vous l'ambition de « faire une belle carrière », comme on dit ?

A. Oui. B. Non.

Votre réponse : . . . B. . . .

Question 61

Un nombre a été élevé au carré. Ensuite, on a retranché 41, divisé par huit, puis ajouté quatre pour obtenir neuf. Quel est le nombre de départ ?

A. 50 B. 11 C. 9

Votre réponse : . . C. . . .

Question 62

On a ajouté dix-neuf à un nombre avant de diviser par trois. Ensuite, on l'a multiplié par vingt avant de l'augmenter de 13 %, le tout pour obtenir en définitive 226. Quel est le nombre de départ ?

A. 111 B. 11 C. 31

Votre réponse : . . B . . . . .

Question 63

Vos amis disent-ils parfois de vos traits d'humour qu'ils sont acides ou qu'ils décoiffent ?

A. Oui, j'ai entendu cela.

B. Non, jamais.

Votre réponse : . . A . . . . .

Question 64

La dernière fois qu'une de vos idées a été saluée par la famille parce qu'elle constituait la bonne solution à un problème inédit...

A. C'était il y a moins d'un mois.

B. C'est plus ancien.

C. Je n'ai pas mémoire d'avoir été félicité pour ce genre de chose.

Votre réponse : . . . . B . . .

Question 65

Hier soir, Roméo s'est cassé la jambe en chutant alors même qu'il commençait à prendre appui sur le célèbre balcon. Quels pourraient être, selon vous, les titres de ces journaux ? Écrivez vos suggestions ci-dessous.

Le Figaro : . . . .

France Soir : . . . .

Le Parisien : . . . .

Détective : . . . .

Gala : . Alors qu'il cherchait à voir Juliette nue, Roméo tombe

Question 66

Quel animal n'a pas sa place dans cette liste ?

A. Cerf B. Chameau C. Éléphant D. Daim E. Hyène.

Votre réponse : . . . C . . . .

Question 67

Vous êtes cadre responsable d'un service de quinze personnes. Un de vos collaborateurs dépasse manifestement les autres par son zèle et ses compétences. Que faites-vous ?

A. Je fais le nécessaire pour qu'il soit promu, au moins financièrement, et qu'il reste dans mon équipe.

B. Je lui explique que son zèle indispose les autres et que ses dons sont dus au hasard. Enfin, je l'invite à laisser la vedette aux autres.

Votre réponse : . . . . A . . .

Question 68

Vous êtes chef d'unité dans votre entreprise. Cette année, c'est vous qui assurez l'organisation de la fête annuelle. Vous déléguez l'impression des invitations à un collaborateur. Comment faites-vous ?

A. Je lui donne toutes les indications nécessaires. Il lui suffit de suivre à la lettre mes instructions.

B. Je lui donne la maquette et le budget. Je précise le délai et confirme que je suis disponible en cas de difficulté.

Votre réponse : . . . . B . .

Question 69

Vous avez envie d'une grande randonnée de deux jours dans le Quercy. Partez-vous seul ou cherchez-vous des compagnons ?

A. J'y vais seul. B. Je cherche des coéquipiers.

Votre réponse : . . B . . . . .

Question 70

Dans le cadre d'un travail de recherche, vous vous rendez à la bibliothèque. Sollicitez-vous le bibliothécaire seulement pour qu'il vous indique le rayon susceptible de vous intéresser ou lui en demandez-vous davantage ?

A. Je lui demande seulement de me donner les références du rayon.

B. Tant qu'il est disponible, je cherche à bénéficier de son assistance.

Votre réponse : . . B . . . .

Question 71

D'une façon générale, préférez-vous travailler seul dans un bureau fermé ou avec d'autres dans un grand bureau ?

A. Seul dans un bureau fermé.

B. Avec d'autres dans un grand bureau.

Votre réponse : . A . . . . .

Question 72

Avez-vous analysé votre emploi du temps ?

A. Oui. B. Non.

Votre réponse : . B . . . . .

Question 73

Consacrez-vous à votre famille tout le temps que vous souhaitez lui accorder ?

A. Oui, dans la mesure de mes possibilités.

B. Non, car je suis trop souvent débordé.

Votre réponse : . . . . A . .

Question 74

Vous tentez d'obtenir une remise de six pour cent sur un devis établi pour un montant de dix-huit mille neuf cents euros, hors taxes. Quel montant représente une telle remise ?

A. 1 134 euros. B. 1 328 euros. C. 1 756 euros.

Votre réponse : . . . . A . .

Question 75

Si on ajoute 11 512 et 38 722 à 117 932, quel nombre obtient-on ?

A. 163 136 B. 170 587 C. 168 166

Votre réponse : . . . C . . . .

Question 76

Si on retranche 11 152 à 456 372, quel nombre obtient-on ?

A. 445 424 B. 445 220 C. 445 232

Votre réponse : . . . B . . . .

Question 77

Diriez-vous que, lorsque vous prenez un travail, vous voyez tout de suite comment faire pour que tout soit terminé très vite sans que la qualité en pâtisse ?

A. Oui, certainement, tout de suite, je trace le plan dans ma tête, distinguant ce qui peut être entrepris simultanément ou pas.

B. Non, je ne dirais pas cela ainsi. Je ne suis pas du genre à échafauder des plans complexes pour avancer dans mon travail.

Votre réponse : . A . . . . .

Question 78

Lorsque vous assistez à une réception, allez-vous vers les personnes que vous ne connaissez pas ou attendez-vous d'être présenté ?

A. J'attends d'être présenté.

B. Je prends les devants et je me présente à qui m'intéresse.

Votre réponse : . . A . . . .

Question 79

Dans certains secteurs d'activités, les résultats commerciaux sont très longs à obtenir. Si vous étiez vendeur, rechercheriez-vous du travail dans ces secteurs ou iriez-vous voir ailleurs ?

A. Je préférerais rechercher dans ces secteurs.

B. Je préférerais travailler dans d'autres secteurs.

Votre réponse : . . B . . . .

Question 80

Jouez-vous volontiers à ces jeux de société qui vous accaparent une demi-journée ou davantage ?

A. Oui. B. Non.

Votre réponse : . . A . . . . .

Question 81

Seriez-vous plutôt cigale ou plutôt fourmi ?

A. Plutôt cigale.

B. Plutôt fourmi.

Votre réponse : . . B . . . .

Question 82

Certaines personnes sont astreintes à des travaux de contrôle fort fastidieux et longs. Pourriez-vous vous y faire ?

A. Oui. B. Non.

Votre réponse : . . B . . . . .

Question 83

Seriez-vous timide ?

A. Oui, je suis timide.

B. Oui, je suis un ancien timide.

C. Non, je ne suis pas timide.

Votre réponse : . . B . . . .

Question 84

Et si nous parlions de vos fréquentations ?

A. Oui, j'aime fréquenter ceux qui osent, qu'ils soient artistes, entrepreneurs, élus politiques ou autres.

B. Je fréquente les gens de mon milieu social et professionnel. Avec eux, je me sens bien.

C. Je ne recherche pas la compagnie à tout prix. Je préfère ne fréquenter que les personnes que j'aime bien.

Votre réponse : . . . C . . .

Question 85

Vous circulez sur une route. Vous arrivez sur le lieu d'un accident. Vous ne l'avez pas vu se produire mais vous êtes conducteur ou passager de la première voiture à s'arrêter. Les victimes sont couvertes de sang et « vraiment pas belles à voir ». Que faites-vous ?

A. Je fais le nécessaire pour prévenir les secours en évitant de regarder les blessés.

B. Je téléphone aux services d'urgence et les renseigne sur le nombre et l'état réel des différents blessés.

C. Je demande aux autres de faire le nécessaire vis-à-vis des blessés tandis que je m'occupe de faire ralentir les automobilistes.

D. J'allume les feux de détresse de la voiture et je laisse faire ceux qui sont plus expérimentés.

Votre réponse : . . . . D . . .

Question 86

Quand vous vous rendez à une réunion, comment vous organisez-vous ? (Il s'agit d'une réunion que vous ne dirigez pas.)

A. Je regarde le sujet sur la convocation et j'y pense en allant au lieu indiqué.

B. Après avoir lu attentivement la convocation, je réunis mes notes sur le sujet et les emporte avec moi.

C. Je vais à la réunion avec l'esprit libre, prêt à entendre et recevoir.

Votre réponse : . . B . . . . .

Question 87

Faites-vous partie de ceux qui vont « droit au but » ?

A. Oui. B. Non.

Votre réponse : . . A . . . .

Question 88

Vous travaillez dans un grand bureau. Certains fument ou tiennent des propos qui vous déplaisent. Que faites-vous ?

A. Je demande à mon responsable hiérarchique de réfléchir à la possibilité d'un bureau séparé ou d'une activité s'exerçant ailleurs.

B. Je proteste autant que je le peux sans nuire à l'ambiance ou à la bonne entente. Je ne veux pas casser le groupe.

Votre réponse : . . . A . . . .

Question 89

Pour un cadre, la meilleure façon d'attirer le respect, c'est de... :

A. montrer que l'on connaît tous les bruits de couloir et que l'on sait distinguer le vrai du faux grâce à notre flair.

B. faire voir et rappeler régulièrement que l'on est dans les meilleurs termes avec la haute direction.

C. fermer la porte de son bureau.

D. ouvrir la porte de son bureau.

E. prendre le temps de former les collaborateurs.

Votre réponse : . . E . . . . .

Question 90

Selon vous, quel est le principal critère à prendre en compte pour décider des promotions ?

A. L'ancienneté.

B. La formation de base.

C. L'aptitude à encadrer.

D. La formation continue.

E. Les compétences prouvées.

Votre réponse : . . . E . . . .

Question 91

Nous sommes le 21 juillet. Vous avez prévu depuis l'hiver dernier d'aller passer deux semaines de vacances en Californie cet été. Votre départ est fixé pour le 27. Vous apprenez à la radio que les marchés des changes bougent beaucoup. Le dollar remonte très vite, ce qui va renchérir votre séjour. Quelle est votre réaction ?

A. C'est vraiment très embêtant. Cela bouleverse tous mes plans et l'assurance annulation ne couvre pas de ce type de difficulté. Je me dis que j'aurais mieux fait de ne pas quitter la « zone euro ». Enfin, je serai vigilant et je gratterai sur les à-côtés.

B. Ça change les choses pour moi et mon budget, mais cela m'a donné l'idée d'essayer le système des chambres d'hôtes. Peut-être vais-je rencontrer des gens intéressants, de véritables personnalités ? J'ai hâte de voir cela.

Votre réponse : . . . B . . . .

Question 92

Changez-vous facilement de volant ?

A. Depuis que j'ai mon permis de conduire, je me suis habitué à prendre le volant de tout ce qui roule. Je passe d'une voiture à l'autre sans difficulté aucune.

B. J'ai mes habitudes. Dans ma voiture, je suis à l'aise parce que je connais toutes les dimensions. Pour les autres autos, il me faut un temps d'accoutumance.

C. Je n'ai pas le permis de conduire.

Votre réponse : . . . . B. . .

Question 93

Quand vous parlez de votre travail rémunéré, quel vocable utilisez-vous spontanément le plus souvent ?

A. Mon job.

B. Ma fonction.

C. Mon poste.

D. Mon emploi.

Votre réponse : . . . A . . . .

Question 94

Vous êtes au sein d'un groupe de randonneurs. Le soleil d'hiver fait scintiller les cristaux sur les sapins. Le gel a durci le sol. Avec quelques amis, vous avez pris de l'avance sur le gros du peloton. Vous arrivez à un carrefour. Cinq chemins s'offrent à vous. Vous ne savez lequel prendre. Que faites-vous ?

A. J'attends le chef.

B. Je propose à Jacques de prendre la carte qui est dans mon sac afin que nous commencions à la regarder ensemble. Ainsi, quand le chef arrivera avec les autres, le point aura été fait.

C. Je propose à Jacques de prendre la carte qui est dans mon sac et de décider ensemble de la route à suivre en fonction du but à atteindre.

D. Je ne sais pas. Je ferais comme les autres, je crois.

Votre réponse : . . B . . . . .

Question 95

Pourriez-vous créer une entreprise ?

A. Oui, j'en ai envie.

B. Oui, je pourrais.
C. Je ne suis pas certain de pouvoir.
D. Non, certainement pas.
Votre réponse : .B. . . . . .

Question 96

Jusqu'où pensez-vous devoir aller dans le respect à la parole donnée ?

A. Pour moi, il n'y a pas de limite.
B. Une parole, ce n'est pas un écrit...
Votre réponse : . . . B. . . .

Question 97

Lorsque vous avez traité le marché avec madame Marchande, vous aviez accepté de prendre le transport à votre charge. À cause d'un oubli, sans doute, cette précision n'a pas été portée sur le papier. Dès lors, l'entreprise livre en port dû. Madame Marchande vous téléphone pour vous demander de corriger. Que faites-vous ?

A. Je lui explique que rien ne peut être changé puisque le marché a été accepté par la direction tel qu'il est écrit sur le papier. D'ailleurs, elle a lu le bon de commande, elle aussi. Et sur le moment, elle n'a rien dit. C'est donc qu'elle était d'accord ainsi. Pour être gentil, je lui déclare que, si elle passe une nouvelle commande avant trois mois, je lui ferai une faveur.

B. Je me souviens d'avoir accepté le « franco de port et d'emballage » et suis ennuyé de ne pas l'avoir écrit. Je lui en fais part. Je lui confirme tout de suite que je vais demander à la direction de lui rembourser les frais de port. D'ailleurs, je lui téléphonerai sans faute demain matin pour lui apporter la réponse de la direction qui, je n'en doute pas, sera positive. Évidemment, ceci suppose que j'avoue mon oubli à la direction...

Votre réponse : . . . . B. . .

Question 98

Supposons que certains critiquent le fonctionnement de l'équipe de travail dont vous faites partie et ce, au dehors de l'entreprise. Qu'en penseriez-vous ?

A. Ils feraient mieux de critiquer pour améliorer, donc de faire des suggestions d'évolution, au sein de l'équipe.

B. Cela s'est toujours fait. Je pense qu'il est regrettable que des gens ne se sentent pas bien dans leur équipe.

Votre réponse : . . . B. . . .

Question 99

Vous arrive-t-il d'acheter, à vos frais, un livre professionnel ?

A. Oui. B. Non.

Votre réponse : . . . A. . . .

Question 100

Êtes-vous abonné à une ou plusieurs revues professionnelles ?

A. Oui. B. Non.

Votre réponse : . . . B. . . .

Question 101

Vous êtes en vacances au bord de la mer du Nord. Le soleil est radieux. La plage de sable fin est vaste. La mer vous séduit avec ses rides toujours différentes. Las, votre conjoint vous a « imposé » cette destination pour « faire la crêpe ». Son bronzage fait l'admiration des spécialistes. Mais vous ne supportez pas de demeurer immobile sur une plage. Que faites-vous ?

A. Sincèrement, j'ai hâte que ce séjour soit terminé. L'inactivité me pèse. La trop grande exposition au soleil m'est déconseillée. L'ennui me gagne. Je ne veux pas faire de peine. Alors, je suis présent. J'affiche le sourire. Je m'abstiens de critiquer.

B. Je me suis organisé en conséquence. Il y a ici quantité de musées, d'expositions, de concerts, de spectacles. Bruges, Gand, Anvers sont à proximité. Je me régale. En fait, nous sommes tous les deux très heureux de ces vacances. Chaque soir, nous nous retrouvons en amoureux avec moult découvertes à partager.

Votre réponse : . . . . A. . .

Question 102

Dans un restaurant chinois, mangez-vous avec des baguettes ?

A. Oui. B. Non.

Votre réponse : . . . A. . . .

Question 103

Selon vous, dans l'entreprise, quelles consignes doit donner un chef de service au collaborateur chargé d'une mission ?

A. Il doit indiquer le processus d'application, le programme de travail et l'objectif. Il lui faut aussi rappeler qu'il doit contrôler.

B. Il doit convenir avec lui de l'objectif, du délai et des moyens. Enfin, il doit rappeler qu'il est disponible en cas de problème.

Votre réponse : . . B. . . . .

Question 104

C'est dimanche. Vous avez envie de queues de lotte à l'armoricaine pour le dîner. Bien entendu, vous avez la lotte. Vous lisez le livre de recettes et constatez que certains ingrédients vous manquent. Que faites-vous ?

A. Je reporte à demain. J'achèterai les ingrédients manquants.

B. Je fais avec ce que j'ai. J'adapte. Je remplace. Je me fais plaisir.

Votre réponse : . . . B. . . .

Question 105

Vous connaissez l'expression « L'argent n'a pas d'odeur ». Êtes-vous d'accord ou pas avec cette idée ?

A. Oui, je suis d'accord.

B. Non, je ne suis pas d'accord.

Votre réponse : . . . B. . . .

Question 106

Êtes-vous d'accord avec l'idée selon laquelle on ne revient pas sur un choix arrêté collégialement ?

A. Je suis en désaccord avec cette idée.

B. Je suis en accord avec cette idée.

Votre réponse : . . A. . . . .

Question 107

Comment doit, selon vous, agir le président d'une association ?

A. Il doit agir selon ses idées.

B. Il doit agir en suivant l'avis de la majorité.

Votre réponse : . . B. . . . .

Question 108

Connaissez-vous le classement des entreprises de votre secteur d'activités ?

A. Oui. B. Non.

Votre réponse : . B. . . . . .

Question 109

Alors que vous êtes au repos, vous arrive-t-il de penser au travail ?

A. Oui. B. Non.

Votre réponse : . . A . . . . .

Question 110

Parmi les propositions présentées, quelle est celle qui a le sens le plus proche de ce que Victor Hugo exprime dans cette citation extraite de ses *Fragments* : « Il y a des gens qui ont une bibliothèque comme les eunuques ont un harem. » ?

A. Le harem et la bibliothèque sont des équipements de base.

B. Les gens bien se doivent d'avoir et la bibliothèque et le harem.

C. Une bibliothèque ne sert à rien quand on ne sait pas lire.

D. Les eunuques sont indispensables au harem comme la bibliothèque dans la maison.

E. Les femmes du harem peuvent être comparées à des livres.

Votre réponse : . . C . . . .

Question 111

Parmi les propositions présentées, quelle est celle qui a le sens le plus proche de ce que Chateaubriand exprime dans cette citation extraite du *Génie du Christianisme* : « Les biens de la terre ne font que creuser l'âme et en augmenter le vide. » ?

A. Creuser l'âme, c'est découvrir le vide.

B. Pour mettre au jour les produits de la terre, il nous faut souvent creuser bien plus que nous ne le pensions de prime abord.

C. L'âme des chrétiens est rongée par les biens de la terre.

D. Les richesses matérielles comme les plaisirs terrestres ne contribuent guère à l'élévation des esprits.

E. Les produits de la terre abaissent l'âme.

Votre réponse : . . . D . . . .

Question 112

Quand vous préparez un itinéraire avant un déplacement en voiture, votre premier réflexe est-il de chercher le chemin qui vous permettrait de voir un paysage ou une cité que vous ignorez encore ?

A. Oui, c'est systématique.

B. Oui, assez souvent.

C. Oui, mais j'y arrive rarement, ou pas assez souvent à mon goût.

D. Non, mes critères de choix d'itinéraire sont différents.

Votre réponse : . . .D. . . .

Question 113

Quand une grille de mots croisés vous tombe dans les mains, que faites-vous ?

A. Mon premier réflexe est de lire les définitions, tout de suite.

B. Je n'en fais rien car je ne suis pas cruciverbiste.

C. Je la garde pour une personne que cela intéresse.

D. Autre choix.

Votre réponse : . . .A. . . .

Question 114

Quand vous allez chez le cordonnier, que faites-vous ?

A. Selon le cas, soit je donne mes chaussures et tente de limiter la facture, soit je les récupère et paie la somme convenue.

B. J'aime m'attarder et voir comment il travaille, les produits qu'il utilise, ses outils, sa façon de couper le cuir...

Votre réponse : . . .A. . . .

Question 115

En famille, racontez-vous votre travail et vos espoirs ?

A. Oui. B. Non.

Votre réponse : . . .A. . . .

Question 116

Adhérez-vous à une ou plusieurs associations d'anciens élèves ?

A. Oui. B. Non.

Votre réponse : . .B. . . . .

Question 117

Selon vous, l'esprit d'équipe conduit-il à un fonctionnement collégial ?

A. Oui, évidemment.

B. Non, pas nécessairement.

C. Je n'ai pas d'opinion tranchée sur cette question.

Votre réponse : . . . .C. . .

Question 118

Dans la cour du collège, que faisiez-vous ?

A. Je participais activement aux jeux du moment.
B. Il m'est souvent arrivé d'être celui qui lance une idée de jeu.
C. Je préférais échanger en aparté avec un autre élève.
D. Autre réponse.
Votre réponse : . . C . . . .

Question 119

Certains affirment que, sans intégrité, il n'y aurait pas d'échanges économiques possibles. Qu'en pensez-vous ?

A. Ils ont raison. B. Ils ont tort.
Votre réponse : . . . B . . . .

Question 120

Hier, vous étiez à court de monnaie et les distributeurs étaient vides. Vous avez emprunté vingt euros à un ami. Quand le rembourserez-vous ?

A. Quand il me le demandera. B. Dès que je le verrai.
Votre réponse : . . . B . . . .

Question 121

Vous et la nouveauté.

Laquelle de ces deux propositions est la plus proche de vos pensées habituelles ?

A. Les inventeurs me fascinent. Je peux les écouter longtemps. Je les interroge sur les étapes de mise au point autant que sur l'origine de l'idée de base, le « déclic » comme ils disent.

B. J'utilise ce qui m'est réellement utile et je suis content des progrès réalisés lorsqu'ils me facilitent la vie. Je n'aime pas trop les gadgets.

Votre réponse : . . . . B . . .

Question 122

Objectivement, vos collègues vous trouvent-ils très bien organisé ?

A. Oui, « très bien organisé » est une observation souvent entendue à mon sujet.

B. Oui, ils me savent organisé.

C. Chacun a sa façon de s'organiser. J'ai la mienne.

D. Ils me trouvent plus « artiste » que parfaitement organisé.

Votre réponse : . . . C . . .

Question 123

Le mot désigne une avancée permettant de mieux voir les passants. Choisissez la bonne orthographe.

A. logia B. loggia

Votre réponse : . . A . . . . .

Question 124

« Perce lorsqu'il constitue un tout. Transforme le mouvement lorsqu'il est partie d'un tout. » Choisissez la bonne orthographe.

A. vilebrequin B. villebrequin

Votre réponse : . . A . . . . .

Question 125

Si on ajoute 22 234 à 378 111, quel nombre obtient-on ?

A. 390 345 B. 398 456 C. 400 345

Votre réponse : . . C . . . . .

Question 126

Si nous multiplions 17 822 par 9, quel nombre obtenons-nous ?

A. 140 808 B. 149 478 C. 160 398

Votre réponse : . . . C . . . .

Question 127

Si nous divisons 1 243 par 11, quel nombre obtenons-nous ?

A. 98 B. 113 C. 129

Votre réponse : . . B . . . . .

Question 128

Quel animal n'a pas sa place dans cette liste ?

A. Gazelle B. Jaguar C. Léopard D. Ours E. Renard.

Votre réponse : . . . A . . . .

Question 129

Quel animal n'a pas sa place dans cette liste ?

A. Aigle B. Busard C. Vautour D. Palombe E. Faucon.

Votre réponse : . . D . . . . .

Question 130

Vous êtes chef d'équipe. Vous commettez une erreur. Vos équipiers s'en rendent compte. Que faites-vous ?

A. J'explique bien à chacun que, dans ce cas précis, agir ainsi est plus conforme à l'esprit des textes réglementaires.

B. Je constate ma distraction et ses effets à voix haute. Chacun comprend que je n'en suis pas fier. Généralement, les équipiers cherchent à m'aider à redresser la situation au plus vite.

Votre réponse : . B . . . . .

Question 131

Vous et votre voiture. Si vous n'avez pas de voiture, répondez en fonction de ce que vous feriez si vous en aviez une.

A. Je vérifie les niveaux ainsi que la pression des pneus très régulièrement.

B. Je fais confiance au garagiste et respecte les échéances pour les entretiens. Je ne lève pas le capot.

C. C'est le cadet de mes soucis. Je la donne à réparer quand quelque chose ne fonctionne pas. Point.

Votre réponse : . . . . C . . .

Question 132

Vous et votre voiture. Si vous n'avez pas de voiture, répondez en fonction de ce que vous feriez si vous en aviez une.

A. Ma voiture est toujours très propre. Au premier coup d'œil, on voit qu'elle est parfaitement entretenue.

B. Ma voiture est lavée quand cela est nécessaire. Je ne suis pas maniaque et laisse la peau de chamois à d'autres.

C. Je ne m'en soucie guère.

Votre réponse : . . . C . . . .

Question 133

La dernière fois qu'un ami vous a demandé de l'aide pour construire un barbecue, c'était...

A. Il y a moins d'un an.

B. Il y a moins de cinq ans.

C. Il y a plus longtemps.

D. Cela ne m'est jamais arrivé.

Votre réponse : . . . D . . . .

Question 134

« Libéralité, voire prodigalité, non dénuée d'élégance. » Choisissez la bonne orthographe.

A. munificence B. mugnificence

Votre réponse : . . . B . . .

Question 135

Ajoutez une lettre devant « ette » et formez ainsi successivement deux substantifs :

Vos réponses : . . . . bette . . . . dette

Question 136

Vous êtes contremaître. Il vous faut répartir du travail à réaliser en heures supplémentaires. Qui privilégiez-vous ?

A. Ceux qui ont des ennuis financiers.

B. Ceux qui travaillent le mieux.

Votre réponse : . . . A . . .

Question 137

Vous êtes chef de service. Une collaboratrice devrait enfanter le mois prochain. Que faites-vous ?

A. Je glisse que, si le service veut faire un cadeau, j'apporterai ma contribution.

B. Je propose de faire un cadeau et je répartis les tâches.

Votre réponse : . B . . . . .

Question 138

D'une façon générale, que préférez-vous ?

A. Je souhaite que les instructions qui me sont données par la hiérarchie soient précises et indiquent clairement le processus à appliquer, point par point.

B. Je préfère recevoir de la hiérarchie une bonne définition de l'objectif et la liberté de m'organiser pour l'atteindre.

Votre réponse : . . . B . . .

Question 139

Vous venez d'entrer dans une école supérieure. Vous devez choisir une pratique sportive parmi celles qui vous sont proposées. Vous savez que vous serez contraint de vous exercer, au moins trois fois par semaine et pendant toute la durée de vos études. Que choisissez-vous ?

A. Football. B. Athlétisme. C. Rugby. D. Natation.

Votre réponse : . . . B . . .

Question 140

Sincèrement, travailler au sein d'une équipe vous convient-il vraiment et ne préféreriez-vous pas œuvrer seul, ne fut-ce qu'à certains moments ?

A. Je préfère le travail en groupe, tout le temps.
B. J'aimerais pouvoir travailler seul, par moments.

Votre réponse : . . . .

Question 141

Que préférez-vous parmi ces deux possibilités ?

A. Être jugé sur mes résultats. B. Être jugé sur ma régularité.

Votre réponse : . . . .

Question 142

La première ligne d'un clavier francophone est AZERTYUIOP. Écrivez cinq mots en n'utilisant chaque lettre qu'une seule fois par mot trouvé. Exemples : « pope » ne sera pas accepté parce que vous utilisez deux fois la même lettre, tandis que « pâtre » le sera car il ne faut pas vous occuper des accents dans cette question.)

Écrivez vos cinq mots :

1 : ....
2 : ....
3 : ....
4 : ....
5 : ....

Question 143

Avez-vous, un jour, défini avec soin, sur le papier, le but que vous voulez atteindre au cours de votre vie ?

A. Oui. B. Non.

Votre réponse : . . . .

Question 144

Supportez-vous la solitude ?

A. Oui. B. Non.

Votre réponse : . . . .

Question 145

De quelle considération seriez-vous le plus proche ?

A. Je suis très attaché à ce que mon travail soit effectué dans les délais les plus courts.

B. Je ne suis pas obsédé par la montre. Sous la pression, on ne peut pas bien travailler.

Votre réponse : . . . A. . . .

Question 146

La ponctualité était, disait-on, la politesse des rois. Pour vous, qu'en est-il aujourd'hui ?

A. Maintenant, tout le monde court après le temps. L'exactitude n'est plus possible et je me garderais bien de dire quoi que ce soit à celui qui arriverait douze minutes avant ou après l'heure convenue.

B. Je suis ponctuel. Bien entendu, il m'arrive de ne pas respecter l'heure, une fois ou deux par an. C'est accidentel. Évidemment, je suis tolérant avec les autres. J'ai toujours un petit travail à faire ou une lecture à terminer, de quoi patienter vingt minutes.

C. C'est dépassé.

Votre réponse : . . B. . . . .

Question 147

Vous êtes chef de service. Un collaborateur se plaint. Selon lui, les primes et promotions profitent toujours aux autres. Il se sent lésé. Que faites-vous ?

A. Je lui indique que la direction des ressources humaines est à sa disposition pour enregistrer sa démission si tel est son souhait.

B. Je lui rappelle ce qu'il a reçu. J'indique brièvement les résultats qui ont valu des primes aux autres. Je lui suggère de réfléchir et confirme ma disponibilité pour un échange de vues sur le sujet lorsqu'il aura réfléchi.

C. Je lui rappelle ce qu'il a reçu et les efforts que j'ai déployés pour qu'il obtienne la promotion souhaitée. Bref, je lui démontre par « a + b » que tout le monde reçoit la même chose sous des formes différentes.

Votre réponse : . B. . . . .

Question 148

Corinne a mis au monde sa fille le jour même de son anniversaire. En bonne maîtresse de maison et parfaite gestionnaire, elle a tout de suite indiqué à son époux que cette simultanéité lui permettrait d'économiser un gâteau ! Voici que les années ont passé depuis cette judicieuse remarque. Marc, bon époux et bon père, vient de faire remarquer à sa fille Stéphanie : « Tu as aujourd'hui l'âge qu'avait maman lorsque tu vins au monde. Elle a donc logiquement aujourd'hui le double de ton âge. Quant à toi, si vous poursuivez sur la voie que vous venez d'esquisser, Jacques et toi, tu seras maman à ton tour dans trois ans. Dès lors, quand ton enfant aura vingt ans, tu auras l'âge qu'a ta mère aujourd'hui. » Quel âge a Corinne aujourd'hui ?

Votre réponse : . . . 17 . . .

Question 149

Bernard épouse Céline. Voici quelques années, encore étudiant, il avait entrepris de l'aider dans ses révisions. Ses explications claires, sa patience, sa manière intelligente de faire réfléchir l'autre plutôt que de lui livrer la solution, le tout assaisonné de beaucoup d'humour, voici le cocktail enivrant qui avait séduit Céline. L'amour illumine leurs yeux. C'est alors que François, le cadet de Bernard, lui fait remarquer : « As-tu pensé que notre différence, cinq ans, est également celle qui sépare Gaëlle de Céline ? »

Sachant que Céline est la plus jeune, que Gaëlle, la fiancée de François, a un an de plus que lui, que les sommes des âges actuels des deux couples donnent un nombre identique et, encore, que dans dix ans, la somme des âges des quatre personnages sera de un siècle et demi, quels sont leurs âges respectifs aujourd'hui ?

Vos réponses :

Céline a . 23 ans

Gaëlle a . 28 ans

Bernard a 32 . ans

François a . 27 . ans

Question 150

Trouvez un anagramme pour chacun des mots ci-dessous.

Exemple : « chien » donnerait « niche », mais pas Chine qui est un nom propre. Ne vous occupez pas des accents.

Poutre : . . troupe . . . .

Rames : . . . .

Rose : . . oser . . . .

Drame : . . damer . . . .

Étreinte : . . . .

Question 151

Certains affirment préparer leur journée mentalement, chaque matin, sous la douche ou ailleurs. Et vous ?

A. Cette idée me semble surprenante.

B. Je le fais.

Votre réponse : . B . . . . .

Question 152

Assurer l'intendance fait partie de nos contraintes régulières. De quelle attitude seriez-vous le plus proche ?

A. Je ne fais pas de liste. Le plus souvent, on l'oublie ou l'on ne pense pas à tout. J'aime bien l'imprévu, la surprise.

B. Je fais une liste de tout ce qu'il faut acheter. Quelquefois, je l'oublie mais, alors, il est relativement aisé de se la remémorer.

C. Je fais une liste de tout ce qu'il faut acheter, par magasin et par rayon. Ce n'est pas toujours parfait mais cela m'aide. Parfois, quand elle est longue, je prends un crayon et je raye au fur et à mesure.

Votre réponse : . . B . . . .

Question 153

Vous connaissez : « Marabout - bout de ficelle - selle de cheval… » Derrière « Marabout », on aurait tout aussi bien pu trouver : « boutade », « bouteille », « boutefeu » ou « boute-en-train ». Écrivez le mot qui pourrait suivre chacun des cinq mots suivants.

Épaissir : . . . sirus . . . .
Graver : . . . vérandas . . . .
Farder : . . . de fane . . . .
Frapper : . . . pétrir . . . .
Calmer : . . . . mépris . . . .

Question 154

Certains disent systématiquement : « Il pleut beaucoup aujourd'hui. », tandis que d'autres clament : « Le système d'arrosage est débridé. » ou s'amusent : « L'impôt sécheresse tombe à l'eau cette année. ». Réécrivez chacune des phrases ci-dessous dans un style ludique.

Il fait trop chaud : . . . le thermomètre va péter . . . .
Les prix montent : . . . l'inflation est en grande forme . . .
L'immobilier est stable : . . . l'immobilier ne va pas péter la forme

Question 155

Votre brosse à dents est bonne pour la réforme. À quoi pourrait-elle servir avant d'aller grossir la poubelle ? Trouvez trois usages possibles et décrivez-les ci-après.

1er usage : nettoyer le tour des robinets
2e usage : peinture pochoirs
3e usage : brosse poudre

Question 156

La phrase « Son élan le freinait. » peut-elle avoir un sens logique ?

A. Oui. B. Non.

Votre réponse : A

Question 157

La phrase « Ils chantaient en canon. » peut-elle avoir un sens logique ?

A. Oui. B. Non.

Votre réponse : A

Question 158

Supposons que, dans un groupe de cinq personnes occupées à deviser avec vous, quelqu'un vous irrite par son comportement, que ce soit plus particulièrement par son attitude ou par ses propos, quelle est votre réaction habituelle ?

A. Comme je suis un peu « soupe au lait » selon les uns, « direct » selon les autres, je dis simplement que je préférerais qu'il cesse de perturber le groupe.

B. Je prétexte une obligation et me retire en laissant entendre aux autres que cette conversation pourra être utilement poursuivie plus tard dans la sérénité et je précise « peut-être en plus petit comité ».

C. Je ne peux admettre ce type de perturbation. Je demande au trublion de nous laisser échanger en paix. Comme je reste froid et très maître de moi, cela marche.

D. Je ne fais rien. Je souffre en silence. On ne peut tout le temps reprendre tout le monde. Mais, plus tard, en aparté, j'explique à celui dont je suis le plus proche combien cette attitude m'était pénible.

E. Ce type de situation me met mal à l'aise. Je soupire. Je laisse voir mon exaspération. Je propose de prendre un verre pour changer de lieu et d'ambiance. Je propose de se revoir ultérieurement. Parfois, je laisse éclater ma colère.

Votre réponse : . . . D . . .

Question 159

Vous arrive-t-il de rester coi face à une situation inattendue mais pas improbable ?

A. Oui. B. Non.

Votre réponse : . . . A . . . .

Question 160

Repenser à votre premier baiser vous fait-il « fondre » ?

A. Oui. B. Non.

Votre réponse : . . . B . . .

Question 161

On dit de certains représentants que « si on les fait sortir par la porte, ils rentrent par la fenêtre ». Auriez-vous tendance à faire comme eux ?

A. Non, certainement pas. B. Oui, je l'avoue.

Votre réponse : . A . . . . .

Question 162

Un membre de votre famille tient un commerce. Vous lui avez proposé de l'aider durant l'été. Quel travail préférez-vous qu'il vous confie ?

A. L'accueil des clients et la vente.

B. La tenue du livre de banque et les vérifications de factures.

Votre réponse : . . . A . . .

Question 163

Vous considérez-vous comme particulièrement tenace ?

A. Oui, très. B. Non, je ne suis pas un forcené !

Votre réponse : . . . A . . .

Question 164

Certains vous parlent de près, vous touchent et vous invitent à manifester très explicitement vos accords et désaccords. Cela vous heurte. Que faites-vous ?

A. Ce n'est pas mon style en effet. Je suis un peu sur ma réserve, craignant que ce type de rapport ne dégénère mais cela ne s'est jamais produit. En réalité, je m'adapte à l'autre. Je pense qu'il n'est pas dupe mais qu'il apprécie que j'aille dans son sens.

B. Ce n'est pas mon style en effet. Je m'arrange pour prendre un peu de distance avec l'espoir qu'il ne va pas chercher à me rattraper. Je me méfie de ces gens. Je préfère mettre fin à l'échange le plus vite possible. On ne peut négocier avec ce type de personnage.

Votre réponse : . . . .

Question 165

Vous travaillez dans un service comptable. Le service des ventes a modifié ses factures : mise en page nouvelle, définition de la référence selon un processus nouveau, et autres. Ce matin, le chef comptable expose les conséquences de ce changement. Quelle est votre réaction première ?

A. Je n'aime pas que l'on bouleverse ainsi les habitudes de travail. De plus, cela va me faire travailler avec les deux systèmes pendant trois mois, environ. C'est compliqué et je n'en vois pas l'intérêt.

B. Cela va me demander un effort particulier. Peut-être ces changements m'apporteront-ils quelques avantages ? Pour l'instant, je l'ignore mais je vais chercher.

Votre réponse : . . . B. . . .

Question 166

Êtes-vous de ceux qui se déplacent facilement, sur une envie ?

A. Oui. B. Non.

Votre réponse : . . . B. . . .

Question 167

Respecter le budget du ménage est parfois délicat. De quelle attitude seriez-vous le plus proche ?

A. Je ne suis pratiquement jamais surpris par le total annoncé par la caissière.

B. Je dépasse parfois le budget. Le montant réclamé par la caissière me surprend, certains jours.

Votre réponse : . . . A. . .

Question 168

Vous arrive-t-il d'être surmené ?

A. Oui, parfois, mais c'est assez rare. En fait, c'est inévitable.

B. Non, jamais.

C. Oui, malheureusement trop souvent à mon goût.
Votre réponse : . C. . . . .

Question 169

Le fait de repenser silencieusement, au cours d'une promenade, à une affection ancienne, remontant à l'adolescence par exemple, vous rend-il mélancolique ?

A. Oui. B. Non.
Votre réponse : . . .A. . . .

Question 170

Vous est-il arrivé de pleurer la mort d'un animal ?

A. Oui. B. Non.
Votre réponse : . . .A. . . .

Question 171

Lorsqu'elles parlent de vous, vos relations disent-elles très couramment, que vous êtes « toujours d'humeur égale » ?

A. Oui. B. Non.
Votre réponse : . . .B. . . .

Question 172

On dit de certains livres que ce sont de « gros pavés » tant ils comptent de pages. Vous arrive-t-il de lire un « pavé » en entier ?

A. Oui.
B. Il m'arrive d'arrêter et d'oublier de reprendre.
C. Je n'entame pas la lecture d'un « pavé ».
Votre réponse : . A. . . . . .

Question 173

Certaines personnes se délectent de réalisation de puzzles au nombre de pièces impressionnant ou de maquettes complexes. Et vous ?

A. Moi aussi, j'aime cela et je ne m'en prive guère.
B. Je préfère d'autres occupations.
Votre réponse : . . . .A. . . .

Question 174

Certaines personnes, obstinées, reviennent à la charge régulièrement, un peu à l'image de Caton qui terminait tous ses discours, quel qu'en soit le sujet, par « ... il faut détruire Carthage ».

A. Selon mes amis, je ferais partie de ce type de gens.
B. Ce n'est pas mon genre d'insister lourdement.
Votre réponse : . . . A . . .

Question 175

Pouvez-vous aisément et indifféremment travailler tôt le matin un jour ou tard le soir un autre jour ?

A. Oui. B. Non.
Votre réponse : . B . . . . .

Question 176

Vous êtes à la campagne avec des amis. Celui qui a promis de préparer le dîner est parti faire quelques courses dans le village voisin. Le temps passe. Il a été retardé par une crevaison. Que faites-vous ?

A. Rien, j'attends patiemment. Je ne veux pas interférer sur ses projets.

B. J'attends impatiemment. En réalité, je sais qu'il use ses pneus jusqu'à la toile et que ceci explique cela.

C. J'épluche les légumes dont il aura besoin et je dresse la table.

D. Je commence à servir l'apéritif. Mon grand-père disait qu'ouvrir une bouteille fait venir les retardataires.

Votre réponse : . . . . . C .

Question 177

D'une façon générale, dans un groupe...

A. Je suis le plus souvent celui qui lance des idées d'actions.
B. Je fais partie des fidèles sur qui on peut compter.
Votre réponse : . . . . . B .

Question 178

Vous êtes dans la file d'attente, au cinéma. Une personne profite d'un moment d'inattention pour se glisser devant vous. Que faites-vous ?

A. Je ne dis rien car on ne peut se disputer avec tout le monde tout le temps.

B. Je l'interpelle en souriant et la remercie d'avoir tenu à me devancer pour payer ma place.

C. Je constate à haute voix que « Madame Sans-Gêne est de retour » et j'invite les autres à « être attentifs à leurs pieds car bientôt on marchera dessus ».

D. Je fais remarquer à cette personne que j'étais là avant elle. Ces comportements agressifs me mettent en colère.

Votre réponse : . . .A. . . .

Question 179

Vos amis disent-ils de vous que vous savez écouter sans réagir, acceptant de tout entendre sans prendre parti ?

A. Oui. B. Non.

Votre réponse : . . .B. . . .

Question 180

Trouvez-vous du temps pour vous ?

A. Oui, certainement.

B. Actuellement, non.

Votre réponse : . .B. . . . .

Question 181

Habituellement, lorsque le groupe dont vous faites partie est confronté à un problème...

A. Tout en demeurant modeste, je dois reconnaître que je suis de ceux qui apportent les propositions de solutions.

B. Objectivement, je participe activement mais je ne cherche pas à faire valoir toutes mes idées.

Votre réponse : . B. . . . .

Question 182

Certains ont à ce point horreur d'avoir des dettes qu'ils iraient jusqu'à courir derrière un ami auquel il doivent cinq euros, pour le rembourser plus vite plutôt que de risquer un oubli. Et vous, comment vous situez-vous ?

A. Je fais confiance à mes créanciers pour réclamer leur dû.

B. Je serais un peu du même genre. Je tiens beaucoup à être en règle.

Votre réponse : . . .B. . . .

Question 183

Êtes-vous d'accord ou pas avec l'affirmation suivante ?

« La vie des affaires suppose des entorses à ce que certains appellent la loi morale et d'autres les commandements propres à leur religion. »

A. Oui, je suis d'accord.

B. Non, je suis en désaccord.

Votre réponse : . . . B. . . .

Question 184

Que pensez-vous de l'affirmation suivante ?

« Il ne peut y avoir d'esprit d'équipe là où il n'y a pas de règles de fonctionnement clairement établies et de répartition des rôles bien définie. »

A. Je suis de cet avis.

B. Je suis d'un avis différent.

Votre réponse : . . . . A. . .

Question 185

Pensez-vous que l'esprit d'équipe puisse se définir de façon semblable dans l'entreprise et dans une association ?

A. Oui. B. Non.

Votre réponse : . . A. . . . .

Question 186

Quand un voisin est en difficulté, que faites-vous, réellement ?

A. Je téléphone aux services sociaux de la municipalité pour les prévenir.

B. Je lui demande s'il veut que je téléphone à quelqu'un de sa famille ou de ses relations.

C. Je ne fais rien. Je n'interviens pas dans la vie des autres.

D. Je lui rappelle que je suis là et que, en cas de problème, il peut toujours sonner. Je lui propose spontanément de faire une chose dont je vois l'utilité en insistant sur le fait que cela ne me coûte rien. (Par exemple : prendre un pain en plus pour lui quand je vais chez le boulanger.)

Votre réponse : . . . D. . . .

Question 187

Prenez-vous des vacances quand vous n'êtes pas indispensable à l'entreprise ou à des périodes choisies selon d'autres critères personnels ?

A. Selon d'autres critères strictement personnels.

B. Quand je ne suis pas indispensable à l'entreprise.

Votre réponse : . . . A. . . .

Question 188

Parmi les propositions présentées, quelle est celle qui a le sens le plus proche de ce que Balzac exprime dans cette citation extraite de *La Muse du département* : « Quand tout le monde est bossu, la belle taille devient la monstruosité. » ?

A. Il est souvent plus facile de suivre la mode.

B. Aller à contre-courant est monstrueux.

C. Mieux vaut être bossu qu'afficher une belle taille.

D. La norme esthétique est définie par une majorité.

E. Les engouements des hommes définissent les canons temporaires de la beauté.

Votre réponse : ....D...

Question 189

Parmi les propositions présentées, quelle est celle qui a le sens le plus proche de ce que André Gide exprime dans cette citation extraite de *Ainsi soit-il* : « J'aime ceux qui ne savent pas trop pourquoi ils aiment, c'est qu'alors ils aiment vraiment. » ?

A. Quand on est séduit, on ne peut vraiment expliquer le pourquoi et le comment de son amour.

B. Un sentiment venu du cœur ne peut être raisonné, disséqué, expliqué.

C. L'amour est aveugle, tout le monde sait cela.

D. Parce qu'elle est étrangère à tout raisonnement, la spontanéité est gage de sincérité.

E. Admettre que l'on ne sait pas, c'est très fort.

Votre réponse : ...B....

Question 190

Quel nombre continue la série ci-dessous ?

55 – 66 – 78 – 91 – 105 – 120 – . . . .

A. 125 B. 135 C. 136

Votre réponse : ...C....

Question 191

Si le fil à couper le beurre n'avait pas déjà existé,...

A. Je l'aurais inventé.

B. Un autre l'aurait inventé.

Votre réponse : ..B.....

Question 192

Retirez une lettre et trouvez un autre mot.
Exemple : « brosse » donnerait « bosse », mais pas « sobre » car l'ordre des lettres ne peut être modifié. Ne vous occupez pas des accents.

Draper : roper
Pointe : point
Pâture : patre
Crasse : casse
Cœur : ...

Question 193

Changez une lettre et trouvez un autre mot.
Exemple : « livre » donnerait « libre » ou « litre » mais pas « lover » car l'ordre des lettres ne peut être modifié.

Retenir : revenir
Bourbier : boursier
Narine : farine
Prépayer : préparer
Rousse : mousse

Question 194

Ajoutez une lettre et trouvez un autre mot. Donnez deux réponses pour chaque question.
Exemple : « roi » donnerait « rôti » et « rosi » car les accents ne jouent pas, mais pas « trio » parce que l'ordre des lettres ne peut être modifié.

Ile : ... et ...
Cale : caler ... et ...
Mite : moite ... et mitre
Pôle : ... et ...
Ponte : ponter ... et pointer

Question 195

Quel mot n'a pas sa place dans la liste suivante ?

A. Chambre B. Bibliothèque C. Buanderie
D. Salon E. Lit

Votre réponse : C

Question 196

Quel mot n'a pas sa place dans la liste suivante ?

A. Rue B. Place C. Kiosque D. Square E. Boulevard

Votre réponse : . . . C . . .

Question 197

Quel mot n'a pas sa place dans la liste suivante ?

A. Roman B. Dictionnaire C. Guide
D. Essai E. Livre

Votre réponse : . B . . . . .

Question 198

Il faut remplacer le flexible de la douche…

A. Je le fais moi-même. B. Je fais appel à plus expert.

Votre réponse : . . . A . . . .

Question 199

Votre équipement en outils.

A. J'ai une boîte à outils très complète et tout le nécessaire à côté.
B. J'ai une boîte à outils, comme tout le monde, je pense.
C. Je n'ai pas de boîte à outils.

Votre réponse : . . . . B . .

Question 200

Vous êtes chargé par votre entreprise de recruter une personne. Parmi les candidats figure le fils d'un ami. Ses résultats aux tests ne sont pas fameux. Objectivement, il ne vient qu'en dixième position parmi les douze candidats en lice. Son père vous demande de le « pousser ». Que faites-vous ?

A. L'amitié, c'est sacré. Je fais mon affaire des résultats aux tests. Je recrute le fils de cet ami en soulignant bien que c'est un geste d'amitié.

B. L'intérêt de l'entreprise me commande de tenir compte objectivement des résultats aux tests. Je l'indique à cet ami en l'assurant de tout mon appui, dans d'autres circonstances.

Votre réponse : . . . B . . . .

Question 201

Qu'est-ce qu'une équipe de travail pour vous ?

A. C'est comme une équipe de football : chacun sait ce qu'il doit faire et à quel endroit il doit se trouver au bon moment.

B. C'est comme partout : un qui trime et les autres qui profitent.

C. C'est une image que l'on entend dans les discours. La réalité est nettement moins idyllique.

*Votre réponse : . .*A*. . . . .*

Question 202

Vous arrive-t-il de flatter pour vous faire remarquer ?

A. Oui. B. Non.

*Votre réponse : . . .*A*. . . .*

Question 203

Perfectionniste ?

A. Souvent, je me vois reprocher un excès de perfectionnisme.

B. Je ne me souviens pas d'avoir entendu pareil reproche.

*Votre réponse : . . .*A*. . . .*

Question 204

Quelle attitude est la vôtre ?

A. Souvent, plutôt que d'appeler le plombier en urgence, je trouve le moyen de fonctionner avec une réparation de fortune. Financièrement, cela m'aide beaucoup.

B. Je n'ai pas cette habileté et je préfère faire appel à quelqu'un d'autre plutôt que de commettre des erreurs et d'aggraver la situation. Après tout, un robinet d'arrêt, c'est fait pour servir et cela permet d'éviter le tarif de nuit !

C. Ni l'une ni l'autre car je ne veux pas prendre de risque.

*Votre réponse : . . .*B*. . . . .*

Question 205

Vous devez enfoncer un clou et n'avez pas de marteau disponible. Que faites-vous ?

A. Je vais acheter ou emprunter un marteau.

B. Je me sers d'autre chose et j'enfonce le clou.

C. Je n'enfonce pas de clou car je ne bricole pas.

*Votre réponse : . . .*B*. . . .*

Question 206

Quel mot n'a pas sa place dans la liste suivante ?

A. Bière B. Cercueil C. Vin D. Linceul E. Caveau

*Votre réponse : . . . .*C*. . . .*

Question 207

Quel mot n'a pas sa place dans la liste suivante ?

A. Platane B. Noyer C. Châtaignier
D. Chêne E. Pommier

Votre réponse : . . E . . . .

Question 208

Quel mot n'a pas sa place dans la liste suivante ?

A. Barrer B. Barricader C. Boucler
D. Cadenasser E. Ouvrir

Votre réponse : . . . E . . .

Question 209

Prenez-vous régulièrement du temps, toutes les semaines, sur vos soirées ou journées libres pour réviser des techniques professionnelles ou acquérir des connaissances nouvelles ?

A. Oui. B. Non.

Votre réponse : . . B . . . .

Question 210

L'entreprise dans laquelle vous travaillez traverse une période de vaches maigres. La conjoncture est mauvaise et les clients se raréfient. Du coup, la charge de travail est moins importante, y compris dans les bureaux. Vous voyez un collègue mettre à profit ces circonstances pour composer un bulletin d'association et le tirer sur le matériel de reprographie. Que pensez-vous ? Que faites-vous ?

A. Je pense que ce n'est vraiment pas le moment d'augmenter les frais généraux de la compagnie et que faire cela en cachette est incorrect. J'hésite à dénoncer la personne. Alors, je préfère dire mon étonnement de voir le papier disparaître aussi vite.

B. Je ne vois pas ce qu'il y a à reprocher à ce collègue. Ce sont des choses qui se font. D'accord, d'autres demandent l'autorisation, puis apportent l'encre et le papier. Mais, je ne comprendrais pas que l'on vienne le chatouiller pour ces détails. Ce n'est quand même pas un peu de papier qui va couler la boîte !

Votre réponse : . . . B . . .

Question 211

Dans votre quartier, la solidarité n'est pas un vain mot. L'association que vous présidez a décidé, cette année, de concentrer ses efforts sur la formation de dix jeunes gens à l'usage des logiciels courants. En effet, cette maîtrise leur permettra de mieux s'insérer dans le monde du travail. La fête de quartier organisée au printemps a permis de réaliser un boni de 930 euros qui sont venus s'ajouter à l'encaisse de 370 euros. Les dix principaux intéressés ont versé un dixième de leurs paies de l'été, soit 1 885 euros. Soucieux d'encourager ces jeunes volontés, les retraités se sont réunis et ont récolté une somme presque équivalente : 1 800 euros. Vous avez pris contact avec un constructeur qui a accepté de vous fournir cinq ordinateurs puissants, avec tous les logiciels souhaités, à un prix inférieur à plus de la moitié du prix public. Le transport vous a coûté 198 euros, assurance comprise. Les équipements électriques vous ont coûté 207 euros seulement car la main d'œuvre était offerte. Enfin, un formateur particulièrement qualifié a accepté de consacrer à vos protégés cinq week-ends entiers, gratuitement. La prise en charge de ses frais de déplacement et hébergement représente 100 euros par week-end. À l'issue de cette opération, il vous reste 1 080 euros. Combien avez-vous payé au constructeur pour les cinq ordinateurs ?

A. 3 000 euros B. 3 600 euros C. 4 200 euros

Votre réponse : . . A . . . . .

Question 212

Combien font 12,5 % de 80 ?

A. 8 B. 10 C. 12

Votre réponse : . . . B . . . .

Question 213

De quelle affirmation êtes-vous le plus proche ?

A. Un cadre doit d'abord animer son équipe.

B. Un cadre doit d'abord dire ses décisions.

Votre réponse : . . . A . . .

Question 214

Savez-vous cuisiner ?

A. Oui. B. Non.

Votre réponse : . . A . . . . .

Question 215

Savez-vous coudre un bouton, lire une carte routière et repasser les chemisiers ?

A. Oui, pour les trois.
B. Oui, mais pas tous les trois.
C. Non, mais je sais faire autre chose.

Votre réponse : . . A . . . . .

Question 216

Vous êtes au restaurant avec des amis. Êtes-vous de ceux qui savent ce qu'ils veulent commander avant tout le monde ?

A. Oui, avant tout le monde, généralement.
B. Non, en même temps que tout le monde.
C. Non, après les autres.

Votre réponse : . . C . . . . .

Question 217

Avez-vous été membre d'un mouvement de jeunesse ?

A. Oui. B. Non.

Votre réponse : . . B . . . . .

Question 218

Avez-vous été membre du Bureau d'une association ?

A. Oui. B. Non.

Votre réponse : . . . B . . . .

Question 219

Pratiquez-vous un sport systématiquement, plusieurs fois par semaine, toutes les semaines de l'année ?

A. Oui. B. Non.

Votre réponse : . B . . . . . .

Question 220

Un costume est vendu normalement 400 euros. Pendant les quinze premiers jours de soldes, il a été proposé avec un rabais de 30 %. Ensuite, le tailleur a décidé d'appliquer une seconde démarque de 20 % supplémentaires sur les cinq exemplaires restants. Combien d'euros vous seraient nécessaires pour acheter un costume tout en bénéficiant de cette seconde démarque, à condition que votre taille soit encore disponible ?

A. 224 euros. B. 212 euros. C. 198 euros.
Votre réponse : . . . A *. . . .*

Question 221

Combien font 13 % de 1 100 ?
A. 123 B. 133 C. 143
Votre réponse : . . . . C *. . .*

Question 222

Combien font 9 % de 900 ?
A. 77 B. 81 C. 99
Votre réponse : . . . . B *. . .*

Question 223

Vous devez acheter quelques vêtements. Allez-vous seul dans les magasins ou préférez-vous être accompagné ?
A. Je préfère prendre l'avis de la personne qui m'accompagne.
B. J'y vais toujours seul.
C. Cela dépend des jours et des occasions.
Votre réponse : . . . . C *. . .*

Question 224

Certaines personnes vous expliquent un mode d'emploi en marquant bien les différentes étapes. Tout semble clair, même lorsque ce n'est pas simple. Pour vous, qu'en est-il, objectivement ?

A. En lisant cet énoncé, je croyais entendre le commentaire que mes amis font à propos de ma manière d'expliquer les choses.

B. Je ne suis pas aussi « carré ». Ce n'est pas mon style. Entre nous, ce n'est pas non plus mon genre de cacher les difficultés.

Votre réponse : . . . . . B *. .*

Question 225

Si vous étiez contraint de garder la chambre pendant trois mois avec une jambe immobilisée, savez-vous comment vous occuperiez vos journées ?
A. Oui, assez précisément.
B. Oui, je pense.
C. Non, mais j'imagine que je trouverai.
D. Non. Je crains surtout que le temps me semble bien long.
Votre réponse : . . . C *. . . .*

Question 226

Combien de temps passez-vous chaque semaine à chercher vos clefs, un dossier ou une facture ? (Attention, temps cumulé sur la semaine !)

A. Moins de trente minutes. B. De trente à soixante minutes.
C. De une à deux heures. D. De deux à trois heures.
E. Plus de trois heures.

Votre réponse : C . . . . . .

Question 227

À quoi occupez-vous votre temps dans les moyens de transports collectifs (bus, métro, tram, train, avion...) ?

A. Lecture ou correspondance. B. Étude de dossiers.
C. Autre.

Votre réponse : . . A . . . . .

Question 228

La phrase « Le pacha affichait complaisamment ses galons » peut-elle avoir un sens logique ?

A. Oui. B. Non.

Votre réponse : . . A . . . .

Question 229

Avec quelle affirmation êtes-vous le plus en accord ?

A. Créer, c'est innover. B. Créer, c'est bousculer.

Votre réponse : . . A . . . .

Question 230

Adolescent, aidiez-vous vos frères, sœurs ou amis, à apprendre leurs leçons et à bien faire leurs devoirs ?

A. Oui. B. Non.

Votre réponse : . . A . . . . .

Question 231

Dans votre travail, êtes-vous « celui qui apporte les solutions » ?

A. Oui, généralement (et très objectivement).
B. Non, pas particulièrement.

Votre réponse : . . b . . . . .

Question 232

Avec quelle affirmation êtes-vous le plus en accord ?

A. J'ai rencontré des personnes vraiment très créatives habillées de façon dite « classique » : costumes pour les hommes et tailleurs pour les dames.

B. La créativité s'accommode mal d'un classicisme vestimentaire dit « bcbg ». D'ailleurs, je n'ai jamais rencontré de personne créative habillée ainsi.

Votre réponse : . . B . . . . .

Question 233

Avec quelle affirmation êtes-vous le plus en accord ?

A. On ne peut pas apprécier financièrement l'apport d'un créatif. Ceux qui proposent cela sont des personnes qui ne comprennent rien à l'art et à la création.

B. On peut parfaitement apprécier objectivement l'apport d'un créatif. Ses idées permettent des réductions de coût, des évolutions de produits, des innovations bien ou mal accueillies par la clientèle.

Votre réponse : . . . . B . . .

Question 234

Selon vous, un chef d'équipe doit-il faire la course en tête ou aller de l'un à l'autre pour soutenir chacun ?

A. La course en tête. B. Aller de l'un à l'autre.

Votre réponse : . . B . . . .

Question 235

Avec quelle affirmation êtes-vous le plus en accord ?

A. Les créatifs sont souvent incompris.

B. Les créatifs sont souvent fort appréciés.

Votre réponse : . . . . A . . .

Question 236

La colère vous fait-elle bégayer ?

A. Oui. B. Non.

Votre réponse : . . . . B . . . .

Question 237

Quand vous êtes fâché, transpirez-vous abondamment ?

A. Oui. B. Non.

Votre réponse : . . B . . . .

Question 238

Avec quelle affirmation êtes-vous le plus en accord ?

A. Le fond prime la forme.

B. La forme prime le fond.

Votre réponse : . . . A . . . .

Question 239

Selon vous, pour mieux motiver son équipe, un cadre doit-il faire exécuter ou faire essayer ?

A. Plutôt faire exécuter.

B. Plutôt faire essayer.

Votre réponse : . . B . . . .

Question 240

Quelle est votre opinion ?

A. Plutôt favorable à l'humour sur le lieu de travail.

B. Plutôt défavorable à l'humour sur le lieu de travail.

Votre réponse : . A . . . . .

Question 241

Quel est votre tempérament ?

A. Je suis plutôt du genre à travailler seul longtemps et méthodiquement.

B. Je suis plutôt du genre à travailler en commando, vite et bien.

Votre réponse : . . A . . . .

Question 242

Quand vous avez perdu un objet, êtes-vous du genre à remuer ciel et terre pour le retrouver ?

A. Oui et je suis capable de chercher longtemps.

B. Non, je ne voudrais pas perdre de temps et je préfère en acheter un autre.

Votre réponse : . . A . . . .

Question 243

Connaissez-vous vos voisins ?

A. Non, je le regrette mais je crois que notre monde est comme çà aujourd'hui. En fait, on se croise et on n'a jamais le temps de se parler.

B. Oui, je sais qui ils sont, en tous cas leurs noms et leurs têtes !

C. Oui, je les connais globalement, certains mieux que d'autres parce que nous avons sympathisé, parce que nous nous rencontrons et nous rendons parfois service.

Votre réponse : . . B. . . . .

Question 244

Vos amis vous appellent-ils régulièrement pour vous demander un coup de main ?

A. Oui, dès qu'ils ont un souci.
B. Heureusement non, ils sont grands.

Votre réponse : . . B. . . . .

Question 245

Quelle est l'entente avec vos frères, sœurs et parents ?

A. Une véritable tribu comme on dit parfois.
B. Elle est normale, sans éclat particulier.
C. Une solidarité à toute épreuve.

Votre réponse : . . . C . . .

Question 246

« Nous ne sommes pas nés coiffés, alors nous avons recours aux accessoires. » Nathalie, Marc, Isabelle et Christophe sont jeunes. Aucun n'a vingt-cinq ans. Tous ont envie de croquer la vie à belles dents. Ils aiment les grandes randonnées à pied. Ils adorent danser. Ils apprécient ces grandes discussions qui les enrichissent à chaque fois que l'un d'eux rapporte les idées glanées dans un essai. Nous sommes en hiver. Alors, Isabelle arbore une toque de fourrure tandis que Nathalie a opté pour le béret. Il faut dire qu'elle en a trouvé un rouge cerise, en parfaite harmonie avec son rouge à lèvres ! Quant aux garçons, ils se sont réparti melon et casquette façon « années trente » sur un critère simple : le mot le plus long allant au prénom le plus long. Voici une heure qu'ils ont quitté le studio de Nathalie. Elle avait préparé un petit dîner provençal dont je vous dirai seulement qu'il a mis en joie toutes les papilles présentes. Ils déambulent gaiement. Ils hésitent entre une pièce d'Oscar Wilde et une soirée au cabaret. C'est leur problème. Le vôtre est d'écrire ci-dessous ce que porte Marc.

A. Melon. B. Casquette.

Votre réponse : . . A . . . . .

Question 247

Bruges et Gand sont de vrais musées à ciel ouvert qui attirent année après année une foule impressionnante de touristes. Ils sont attirés par les canaux, la richesse des musées et l'architecture. Et si la première est fière de son béguinage, la seconde n'a pas de mal à faire valoir tout l'intérêt d'une visite du château de Gérard le Diable. Christine et Colette sont arrivées directement de Paris ce matin en TGV. De la gare, elles ont tout de suite emprunté une calèche pour se rendre directement au béguinage où elles ont retrouvé Céline. Depuis, elles ont multiplié les visites et, même, déjeuné d'un succulent waterzooi ! Mais, au fait, nos deux parisiennes sont-elles descendues du train en gare de Bruges ou de Gand ?

A. Bruges. B. Gand.

Votre réponse : . . A . . . .

Question 248

En ne prenant en compte que les ouvrages professionnels, les œuvres scientifiques et techniques, ainsi que les livres de réflexion tant philosophique que religieuse, combien de titres avez-vous réellement lus entièrement au cours des douze derniers mois ?

A. Aucun. B. Un. C. Deux. D. Trois et plus.

Votre réponse : . . . . D . . .

Question 249

Combien de fois ouvrez-vous votre dictionnaire ?

A. Au moins trois fois par semaine.
B. Au moins une fois par semaine.
C. Au moins une fois par mois.
D. Moins souvent.
E. Je n'ai pas de dictionnaire.

Votre réponse : . . . C . . .

Question 250

Un ami vous a emprunté une somme inférieure à la centaine d'euros. Il tarde vraiment beaucoup à rembourser. Vos rappels semblent ne pas être entendus. Que faites-vous ?

A. Je lui rappelle sa dette lors de chaque conversation. Si un tiers est présent, je le fais élégamment, de manière purement allusive afin que le débiteur soit le seul à comprendre. Mais je reviens à la charge systématiquement et, bien évidemment, toujours poliment.

B. Je pense qu'il faut savoir se faire une raison. Si, après une demi-douzaine de rappels polis, il n'a ni répondu ni remboursé, c'est qu'il n'y a rien à attendre et mieux vaut remplacer l'étiquette « prêt » par celle de « don ». Alors, je ne dis plus rien et je ne fais plus rien. Il me reste la mémoire et la force de refuser si, un jour, il sollicitait à nouveau « un prêt ».

Votre réponse : . . . A . . . .

Question 251

Quand vous vous lancez dans un chantier, telle la rénovation complète d'un salon par exemple, comment cela se passe-t-il ?

A. La qualité est au rendez-vous. Le programme de travail est respecté. Le délai est tenu.

B. Le travail est bien fait mais je ne suis pas aussi rigoureux sur le respect de la programmation initiale.

Votre réponse : . . B . . . .

Question 252

Quel mot n'a pas sa place dans la liste ci-après ?

A. Subtil B. Pesant C. Etroit D. Borné E. Obtus.

Votre réponse : . . . . A . . .

Question 253

Quel mot n'a pas sa place dans la liste suivante ?

A. Prix B. Forfait C. Fraude D. Infraction E. Brigandage.

Votre réponse : . . . . A . . .

Question 254

Quel mot n'a pas sa place dans la liste suivante ?

A. Règle B. Canon C. Arquebuse D. Loi E. Prescription.

Votre réponse : . . . . B . . .

Question 255

Quel mot n'a pas sa place dans la liste ci-après ?

A. Harpie B. Virago C. Dragon D. Mégère E. Ribaude.

Votre réponse : . . . . B . . .

Question 256

Quel mot n'a pas sa place dans la liste suivante ?

A. Mocassin B. Richelieu C. Escarpin D. Botte E. Calot.

Votre réponse : . . . . E . . .

Question 257

Delphine a aujourd'hui six fois l'âge de sa fille Luce. Par contre, quand

Delphine fêtera son premier demi-siècle, elle n'aura plus alors que le double de l'âge de Luce. Quels âges ont actuellement Luce et Delphine ?

Vos réponses :

Âge de Luce : . . . . . . Âge de Delphine : . . . . . .

Question 258

Si vous additionnez 981, 872 et 453, qu'obtenez-vous ? Répondez le plus vite possible, sans rien écrire.

A. 2304 B. 2306 C. 2308

Votre réponse : . . . .

Question 259

Si vous retirez 8932 de 13419, qu'obtenez-vous ? Répondez le plus vite possible, sans rien écrire.

A. 4481 B. 4485 C. 4487

Votre réponse : . . . .

Question 260

Un service, autre que celui auquel vous appartenez, se révèle inorganisé et donc inefficace. Selon vous, à qui incombe la faute ?

A. Au chef de service.

B. On devrait faire une enquête.

Votre réponse : . . . .

Question 261

Vous vous trouvez dans une entreprise dont l'ambiance vous convient mais vous jugez le salaire insuffisant. L'augmentation demandée vous a été refusée car les comptes ne le permettent pas. De surcroît, il vous a été confirmé que vous êtes le mieux payé à travail égal. Que faites-vous ?

A. Je traîne les pieds.

B. Je propose mes services à d'autres entreprises.

Votre réponse : . . . .

Question 262

D'une façon générale, vous classez-vous parmi les optimistes ?

A. Oui, plutôt.

B. Non, pas spécialement.

Votre réponse : . . . .

Question 263

Entreprenez-vous les travaux les plus difficiles dès le début de journée ?

A. Oui. B. Non.

Votre réponse : . . . . B . . .

Question 264

Vous accordez-vous des pauses à intervalles réguliers dans votre travail ?

A. Oui. B. Non.

Votre réponse : . . . A . . . .

Question 265

Faites-vous systématiquement trois repas complets par jour, à heures fixes ?

A. Oui. B. Non.

Votre réponse : . . . B . . . .

Question 266

Vos travaux sont-ils toujours remis en temps et en heure, sans exception et sans que l'on vous relance ?

A. Oui. B. Non.

Votre réponse : . . . . B . .

Question 267

Avez-vous appris et vous exercez-vous régulièrement à la lecture rapide ?

A. Oui. B. Non.

Votre réponse : . . . . B . . .

Question 268

Avant un rendez-vous très important, avez-vous les mains moites ?

A. Oui. B. Non.

Votre réponse : . . . A . . . .

Question 269

Ainsi va la vie. Selon les moments, nous avons plutôt le sentiment d'agir sur les événements ou celui de les subir. Quelle est votre « impression » la plus fréquente ?

A. Agir. B. Subir.

Votre réponse : . . . . B . . .

Question 270

Dans un groupe, vous demande-t-on de donner votre avis uniquement lorsque vient votre tour, ou plus souvent ou moins souvent ?

A. Moins souvent.

B. Plus souvent.

C. Lorsque vient mon tour.

Votre réponse : . A . . . . .

Question 271

Une dispute le soir suffit-elle à gâcher, voire à empêcher votre sommeil ?

A. Oui. B. Non.

Votre réponse : . . A . . . .

Question 272

Quel mot n'a pas sa place dans la liste suivante ?

A. Chatoyant B. Moiré C. Pourpre D. Luisant E. Étincelant

Votre réponse : . . . . C . .

Question 273

Quel mot n'a pas sa place dans la liste suivante ?

A. Soustraction B. Tassement C. Gonflement

D. Décrue E. Déplétion

Votre réponse : . . . C . . . .

Question 274

Quel mot n'a pas sa place dans la liste suivante ?

A. Paludisme B. Palude C. Polder D. Fagne E. Palus.

Votre réponse : . . . D . . . .

Question 275

Quel mot n'a pas sa place dans la liste suivante ?

A. Avéré B. Indéniable C. Indubitable D. Patent E. Inaliénable

Votre réponse : . . . . E . . .

Question 276

Parmi les propositions suivantes, laquelle donne une définition correcte du verbe « scarifier » ?

A. Sacrifier un animal à une divinité selon un rituel précis.

B. Réparer une peau fortement détériorée par des escarres.

C. Pratiquer des incisions.
D. Envenimer un débat au prétexte de vouloir clarifier la situation.
E. Pratiquer l'abstinence sexuelle.

Votre réponse : . . . . . C .

Question 277

Parmi les propositions ci-après, laquelle donne une définition correcte de l'adjectif « véloce » ?

A. Livré par cycliste et, par extension, par tout coursier quel que soit le type de véhicule utilisé.
B. Couvert par un vélum.
C. Diminutif de féroce.
D. En rapport avec les courses cyclistes.
E. Rapide et agile.

Votre réponse : . . . . E . . .

Question 278

Parmi les propositions suivantes, laquelle donne une définition correcte du mot « dicton » ?

A. Élocution B. Maxime C. Ordre D. Articulation
E. Décret (ancien régime)

Votre réponse : . . B . . . . .

Question 279

Jouez-vous aux échecs ou au bridge, régulièrement ?

A. Oui. B. Non.

Votre réponse : . . . B . . . .

Question 280

Quel nombre continue la série ci-dessous ?

67 – 69 – 72 – 76 – 81 – . . . .

A. 87 B. 86 C. 85

Votre réponse : . . . B . . . .

Question 281

Quel nombre continue la série ci-dessous ?

11 – 22 – 25 – 50 – 53 – 106 – 109 – . . . .

A. 112 B. 215 C. 218

Votre réponse : . . C . . . . .

Question 282

Quelle est généralement la qualité de votre sommeil ?

A. Plutôt mauvais. B. Plutôt bon.

Votre réponse : . . . . B . . .

Question 283

Remettez-vous en cause régulièrement vos habitudes, rituels, routines et systèmes d'organisation ?

A. Oui, plus d'une fois par an.
B. Oui, une fois par an.
C. Oui, moins souvent.
D. Non, on ne change pas un système qui marche !

Votre réponse : . . . . A . .

Question 284

Dans votre cuisine, les autres trouvent-ils très facilement ce qu'ils cherchent sans rien avoir à demander et sans avoir reçu d'indication particulière de votre part ?

A. Non. B. Oui.

Votre réponse : . . . B . . .

Question 285

Avez-vous un ou plusieurs agendas ?

A. Un. B. Plusieurs.

Votre réponse : . . . A . . .

Question 286

Avez-vous un agenda en permanence sur vous ?

A. Oui. B. Non.

Votre réponse : . . . A . . .

Pour des raisons d'efficacité, vous êtes invités à faire les 3 mini-tests (pages 81 à 90) avant de passer au dépouillement.

GRILLE DE DÉPOUILLEMENT DU GRAND TEST

Sur une feuille de papier, reproduisez, comme proposé ci-dessous un tableau de 15 colonnes correspondant chacune au symbole d'un indicateur.

Portez dans les colonnes, les points obtenus, en vous référant à la grille de dépouillement des pages 73 à 78, pour chaque indicateur.

En fin de tableau, vous calculerez le total obtenu pour chaque indicateur.

Exemples :

Si vous avez répondu E à la question 1, vous ne marquez aucun point.

Si vous avez répondu A à la question 1, vous marquez deux points en ✱.

Si vous avez répondu B à la question 1, vous marquez un point en ✱.

Si vous avez répondu A à la question 2, vous marquez deux points en ✢.

Les évaluations des divers scores sont présentées dans la deuxième partie de cet ouvrage, indicateur par indicateur.

Indicateurs / Questions	✱	✢	◆	✤	▶	◀	▲	▼	✦	✪	★	✷	✖	■	●
Total	23	10	44	33	27	29	11	23	22	14	8	12	25	13	7

Réponses / Questions	A	B	C	D	E
1	✱✱	✱	✱		
2	✢✢				
3	◆				
4	▶				
5				✤✤	
6	◀◀				
7		◀◀			
8	▲				
9	▲				
10		▶▶			
11	✦				
12	✦		✦	✦✦✦	
13	✪				
14		◆			
15	▲▲				
16	▼				
17	▼				
18	▼				
19	▼				
20	✤✤				
21	✱✱	✱			
22	✢✢				
23		✦	✦✦✦		
24	✦				
25		✪			
26	✪				
27		◀◀◀			
28		▶	▶		
29			✤✤		
30	◆				
31	★★				
32	✷✷				
33			✷		
34	✖✖				
35			★★		
36	■■				
37		■			
38		■■■			
39			★★		
40		★			
41	✷✷				
42	✷				
43	✖✖				
44		✖✖✖			
45		✖✖			
46	■■				
47		●●	●●●●		
48		✱			

Réponses / Questions	A	B	C	D	E
49	✱				
50		✱✱✱			
51					✱✱✱
52	✢✢	✢✢			
53	●				
54		✢			
55		◆			
56	◆				
57	✢				
58	✢				
59	●				
60	●				
61			✤✤		
62		✤✤			
63	▶				
64	▶▶				
65	voir consignes après cette grille				
66					▶
67	◀◀				
68		◀◀			
69	▲▲				
70	▲▲				
71	▲				
72	▼				
73	▼				
74	✤				
75			✤		
76		✤			
77	▼				
78	✦✦				
79	✪				
80	✪				
81		✪			
82	✪✪				
83	✦✦	✦			
84		✦	✦✦		
85	✦			✦	
86		▼			
87	▼				
88	▲				
89					◀◀◀
90			◀◀		◀◀
91		★			
92	★				
93		✸✸			
94		✸✸			
95	✸✸	✸			
96	✖✖✖				

Réponses / Questions	A	B	C	D	E
97		✖✖✖			
98	■■				
99	●●				
100	●●				
101		★			
102	★				
103		✸✸✸			
104		✸			
105		✖			
106		■■			
107	■■				
108	●●●				
109	●				
110			✱✱✱		
111				✱✱✱	
112	✱✱				
113	✱				
114		✢✢			
115	●●				
116	●●				
117	■■				
118	■	■			
119	✖✖				
120		✖			
121	✢✢				
122	✢✢				
123		◆			
124	◆				
125			✤		
126			✤		
127		✤			
128	▶				
129				▶	
130		◀◀			
131	✢✢				
132	✢				
133	✢✢	✢			
134	◆				
135	voir consignes après cette grille				
136		◀◀			
137	◀				
138		▲▲			
139		▲		▲	
140		▲			
141	▲▲				
142	voir consignes après cette grille				
143	▲▲				
144	▲▲				

Réponses / Questions	A	B	C	D	E
145	▼▼				
146		▼▼			
147		◀◀◀			
148		voir consignes après cette grille			
149		voir consignes après cette grille			
150		voir consignes après cette grille			
151		▼▼			
152			▼		
153		voir consignes après cette grille			
154		voir consignes après cette grille			
155		voir consignes après cette grille			
156	▶				
157	▶				
158				✦	✦
159	✦				
160	✦				
161		✪			
162		✪			
163	✪				
164	★★				
165		★★			
166	★				
167	▼				
168	▼	▼			
169	✦				
170	✦✦				
171		✦			
172	✪				
173	✪				
174	✪✪				
175	★★				
176			✷		
177	✷✷				
178	✦			✦	
179		✦✦			
180	▼				
181	✷✷				
182		✖✖			
183		✖✖✖			
184	■■				
185	■				
186		■		■■	
187		●●●			
188					✱✱✱
189				✱✱✱	
190			◆		
191	✛				
192		voir consignes après cette grille			

Réponses / Questions	A	B	C	D	E
193	voir consignes après cette grille				
194	voir consignes après cette grille				
195					◆
196			◆		
197					◆
198	✢✢				
199	✢				
200		✖✖✖			
201	■				
202	●●				
203	✢✢				
204	✢✢	✢			
205		✢✢			
206			◆		
207	◆				
208					◆
209	●●●●				
210	✖✖✖				
211	✤✤✤✤				
212		✤			
213	◀				
214	▲				
215	▲▲	▲			
216	▲				
217	◀				
218	◀				
219	◀				
220	✤✤				
221			✤		
222		✤			
223		▲			
224	▼▼				
225	▼				
226	▼				
227	▼	▼			
228	▶				
229	▶▶				
230	◀◀				
231	◀				
232	▶▶				
233		▶▶			
234		◀◀			
235		▶▶			
236	✦✦				
237	✦✦				
238	▶▶				
239		◀◀			
240	◀◀				

Réponses / Questions	A	B	C	D	E
241	✪✪				
242	✪✪				
243		■	■■		
244	■				
245	■		■■		
246	✱✱				
247	✱✱				
248			✱	✱✱✱	
249	✱✱	✱			
250	✪✪				
251	✪✪				
252	◆				
253	◆				
254			◆		
255					◆
256					◆
257	voir consignes après cette grille				
258		✤✤			
259			✤✤		
260	◀◀◀				
261		◀◀◀			
262	◀◀				
263	▼▼				
264	▼▼				
265	▼▼				
266	▼▼▼				
267	▼				
268	✦✦				
269	◀◀◀				
270		◀◀			
271	✦✦				
272			◆		
273			◆		
274	◆				
275					◆
276			◆◆		
277					◆◆
278		◆◆			
279	✱				
280	✱				
281			✱		
282		▼			
283	▼	▼			
284		▼			
285	▼				
286	▼▼				

Consignes (pour les questions 65, 135, 142, 148, 149, 150, 153, 154, 155, 192, 193, 194 et 257).

Question 65

Réponses proposées

Le Figaro : Roméo hospitalisé / *France Soir* : La fracture du chevalier / *Le Parisien* : Opération réussie pour Roméo / *Détective* : Une chute suspecte / *Gala* : Juliette inquiète

Ajoutez un ▶ pour chaque bonne réponse, soit cinq ▶ au plus.

Question 135

Solutions possibles : bette, dette, (*jette* et *mette* sont des formes conjuguées et non pas des substantifs comme demandé) ;

(*cette* et *nette* sont des adjectifs).

Ajoutez un ◆ pour chaque bonne réponse, soit un maximum de deux.

Question 142

Solutions proposées : poutre, pâtre, troupe, paître, outre, pitre, art, âtre, patrie, pâtir, partie, pur, pure, pour, autre, rite, riez, priez, tuer, route, tour, rôti, roi, port, trou, puer, répit, tir, porte, pâture, type, trop, outre, toupie... Tout autre mot présent au dictionnaire constitue une bonne réponse.

Ajoutez un ◆ pour chaque bonne réponse, soit un maximum de cinq.

Question 148

Corinne a 46 ans.

Ajoutez quatre ✤ si vous avez trouvé la bonne réponse.

Question 149

Céline a 23 ans, Gaëlle 28, Bernard 32 et François 27.

Ajoutez quatre ✤ si vous avez trouvé la bonne réponse, en entier, soit les quatre âges recherchés.

Question 150

Solutions proposées : troupe, amers, oser, damer, éternité. D'autres solutions sont possibles.

Ajoutez un ◆ pour chaque bonne réponse, soit un maximum de cinq.

Question 153

Solutions proposées : cirage, vérité, dérision, pétrir, mérite. D'autres solutions sont possibles.

Ajoutez un ▶ pour chaque réponse correcte, soit un maximum de cinq ▶.

Question 154

Solutions proposées

Il fait trop chaud : Même les lézards cherchent l'ombre.

Les prix montent : Tu paies plus pour manger moins.

L'immobilier est stable : La pierre, cela ne fond pas au soleil.

Ajoutez deux ▶ pour chaque réponse acceptée, soit un maximum de six ▶.

Question 155

Solutions proposées : brossage des bases de robinet pour éliminer le calcaire, brossage des éléments du rasoir électrique, dépoussiérage des appareils miniatures, brossage des ongles de votre animal favori...

Ajoutez deux ▶ pour chaque réponse acceptée, soit un maximum de six ▶.

Question 192

Solutions proposées : râper, pinte, pâtre, casse, cour. Autres solutions acceptées si mots présents au dictionnaire.

Ajoutez un ◆ pour chaque réponse correcte, soit un maximum de cinq ◆.

Question 193

Solutions proposées : revenir, boursier, marine, préparer, rouste. Autres solutions acceptées si mots présents au dictionnaire.

Ajoutez un ◆ pour chaque réponse correcte, soit un maximum de cinq ◆.

Question 194

Solutions proposées : aile, bile / câble, caler / mitre, moite / poêle, polie / ponter, pointe. Autres solutions acceptées si mots présents au dictionnaire.

Ajoutez un ◆ pour chaque réponse correcte, soit un maximum de dix ◆.

Question 257

Luce a 5 ans et Delphine 30 ans.

Si vous avez trouvé les deux âges, ajoutez trois ♣ à votre score. Si vous n'avez trouvé qu'un des âges, vous n'ajoutez rien à votre score.

Mini-test I

Pour chaque ligne, indiquez si l'ensemble numérique ou alphanumérique présenté en colonne de gauche a bien été reproduit sans erreur en colonne de droite. Si les deux ensembles sont identiques, cochez « oui », sinon cochez « non ».

Le temps qui vous est accordé pour ce mini-test est de quatre minutes au maximum. Tout dépassement de cette durée invalide totalement le résultat.

A.	123456789	123456789	OUI ☐	NON ☐
B.	12AB98DC	12AB98DC	OUI ☐	NON ☐
C.	QSDF9876	QSDF9876	OUI ☐	NON ☐
D.	TRNB4646	TRND4646	OUI ☐	NON ☐
E.	FFFFF333	FFFFF333	OUI ☐	NON ☐
F.	CGVTHJUI	CCVTHJUI	OUI ☐	NON ☐
G.	BO9872309	BO98723O9	OUI ☐	NON ☐
H.	C8V7D6F1G3	C8V7D6E1G3	OUI ☐	NON ☐
I.	DF43GT6709W	DF43GT6709W	OUI ☐	NON ☐
J.	FRRBU4321RF	FRRBU4321RF	OUI ☐	NON ☐
K.	XWK4972WKYD	XWK4972WKYD	OUI ☐	NON ☐
L.	KIRDBPZARETX	KIRDBPZARETX	OUI ☐	NON ☐
M.	PLWS63900007	PLWS63900O07	OUI ☐	NON ☐
N.	VFRPLU10050202	VFRPLU10050202	OUI ☐	NON ☐
O.	BODRE9834WWFG	BODRE9834WWFG	OUI ☐	NON ☐
P.	QJLK543DWWPKI	QJEK543DWWPKI	OUI ☐	NON ☐
Q.	CGC43PLOWART	GCG43PLOWART	OUI ☐	NON ☐
R.	MW34POU98WM	MW34POU98MW	OUI ☐	NON ☐
S.	PLOX71064DF200	PLOX71064DE200	OUI ☐	NON ☐
T.	QOGC439696VNB	QOGC489696VNB	OUI ☐	NON ☐

Cotation

• Si vous avez dépassé le temps imparti, votre score est nul.
Si vous avez respecté la consigne, attribuez-vous un point par réponse correcte.
• Si vous avez fait un « sans faute » et obtenu un sous-total de vingt, ajoutez dix et vous obtiendrez 30/30, avec nos félicitations en prime.
• Si vous avez répondu correctement à toutes les questions de P à T inclus, ajoutez huit à votre sous-total et écrivez votre score ci-dessous.
• Si, plus haut dans la grille, vous avez répondu correctement à six questions consécutives au moins, ajoutez cinq à votre sous-total et écrivez votre score ci-dessous. Dans tous les autres cas, rien ne doit être ajouté au sous-total qui devient votre score définitif.
Écrivez ici votre score : ...... / 30.
Un score supérieur à 26 indique une bonne capacité de concentration.
Un score supérieur à 23 indique une capacité moyenne.
Un score inférieur est le signe d'une capacité de concentration limitée et insuffisante pour les travaux de contrôle.
Veuillez vous reporter au chapitre consacré à l'indicateur ◗.

Solutions

A. oui	F. non	K. oui	P. non
B. oui	G. non	L. oui	Q. non
C. oui	H. non	M. non	R. non
D. non	I. oui	N. oui	S. non
E. oui	J. oui	O. oui	T. non

Mini-test II

Écrivez ici l'heure de début : . 13 . h . 37 . min.

Faites ce test en répondant à toutes les questions sans vous interrompre. Efforcez-vous de répondre le plus rapidement possible. Dès que vous avez répondu à une question, passez à la suivante.

Question 1

« La première voiture qui m'a été présentée était rouge cerise. La deuxième va plutôt vers le vert pomme, type granny smith. La troisième est franchement orange, abricot pour être précis. J'aime les trois. Elles sont vraiment «à croquer». Je suis incapable de choisir. Que me conseillez-vous ? »

Nous ignorons la réponse faite par Jacques à son collègue André. À la place de Jacques, que répondriez-vous ?

A. La première. B. La deuxième. C. La troisième. et tes enfants

D. Autre réponse (écrivez) : . Demande à ta femme ! Si c'est pour la famille ?

Votre réponse : . . . D . . . .

Question 2

Le restaurant de la place présente au déjeuner un menu simple de trois services. Les hors-d'œuvre sont proposés en libre service sur un buffet réfrigéré. Les fromages sont présentés sur une desserte. Vous n'avez donc à indiquer au garçon que le plat principal. Aujourd'hui, il propose : boudin noir aux oignons avec sa purée de céleri, ou langue de bœuf aux raisins avec épinards en branches et jeunes carottes, ou colin au beurre blanc avec jardinière de légumes.

Que choisissez-vous ?

A. Premier choix. B. Deuxième choix. C. Troisième choix.

Votre réponse : . . . C . . . .

Question 3

Vous arrivez dans l'hôtel où vous avez réservé une belle chambre pour les trois nuits de votre escapade en amoureux. Charmante et attentionnée, la réceptionniste vous donne à choisir entre trois chambres semblables, toutes avec terrasse donnant sur la plage et la mer. La décoration change de l'une à l'autre. La première propose des dégradés de bleu. La troisième est entièrement turquoise, avec des liserés jaune citron. Nous allions oublier la deuxième. L'intérieur de cette dernière est d'inspiration écossaise.

Quelle chambre prenez-vous ?

A. La première. B. La deuxième. C. La troisième.

Votre réponse : . . . A . . . .

Question 4

Vous réservez une place assise dans le TGV Paris-Ostende. Très attentionné, l'employé des chemins de fer vous propose de choisir entre un siège orienté vers l'avant du train et un autre tourné vers l'arrière.

Que choisissez-vous ?

A. Le premier. B. Le second.

Votre réponse : . . . A . . .

Question 5

Un ami féru d'aéronautique vous a entraîné au salon du Bourget. Exceptionnellement, il vous est possible de vous asseoir un bref instant à la place du pilote d'un avion de chasse. Trois appareils sont au sol et trois files d'attente se sont formées, toutes trois d'égale importance. La première concerne l'appareil européen. La deuxième mène à l'engin américain. La troisième conduit à l'avion chinois.

Quelle file choisissez-vous ?

A. La première. B. La deuxième. C. La troisième.

Votre réponse : . . . C . . .

Question 6

Vous avez loué un appartement meublé pour les vacances. Comme les enfants sont encore très jeunes, vous avez choisi une cité balnéaire. Aller à la plage est l'affaire d'une dizaine de minutes. Vous avez le choix de traverser les dunes, directement, ou d'adopter deux autres itinéraires. L'un passe par la rue du commerce et vous permet d'acheter le journal. L'autre consiste à emprunter les quais, ce qui permet de voir le mouvement des bateaux.

Quel itinéraire choisissez-vous ?

A. Les dunes. B. La rue du commerce. C. Le port.

Votre réponse : . . . A . . . .

Cotation

Si vous n'avez pas répondu à toutes les questions, retournez lire les questions auxquelles vous n'avez pas répondu et écrivez vos réponses. L'absence de réponse à une seule question invalide le test.

Si vous avez répondu à toutes les questions, écrivez ici l'heure de fin : . .13 h 41 . min.

Calculez le temps utilisé par vous pour répondre à toutes les questions de ce mini-test et écrivez votre temps ici en minutes : . .3. min.

- Si vous avez fait le test en moins de quatre minutes, vous êtes assurément un décideur.
- Si votre temps se situe entre quatre et six minutes, vous savez trancher, donc décider sans perte de temps.
- Si votre temps se situe entre six et huit minutes, vous ne décidez qu'avec prudence et vous vous accordez le temps de la réflexion.
- Si votre temps est plus long, vous êtes de nature hésitante et votre capacité à agir est limitée.

Veuillez vous reporter au chapitre consacré à l'indicateur ✿.

Solutions

Vos choix de réponses sont sans importance aucune. Les énoncés ne comportant aucun critère de choix, il n'y a ni bonne ni mauvaise réponse. Seul importe le temps nécessité par la prise de décision.

Mini-test III

Répondez à toutes les questions rapidement, de tête, sans vous faire aider par qui ou quoi que ce soit.

Regardez votre montre et écrivez l'heure. Vous disposez de quinze minutes au maximum pour répondre aux trente questions.

Question 1

Dans quelle région administrative française se situe l'Artois ?

A. Nord Pas-de-Calais. B. Limousin. C. Bourgogne.

Votre réponse : . . . .

Question 2

À quelle époque George Orwell écrivit-il son célèbre « 1984 » ?

A. Avant 1955. B. Entre 1955 et 1970. C. Après 1970.

Votre réponse : . . . .

Question 3

À quelle époque eurent lieu les Croisades ?

A. Avant l'an 800. B. Entre l'an 800 et l'an 1000.

C. Après l'an 1000.

Votre réponse : . . . .

Question 4

Dans quel océan se trouve la Polynésie française ?

A. Océan Atlantique. B. Océan Pacifique. C. Océan Indien.

Votre réponse : . . . .

Question 5

Avec lequel de ces pays la Belgique n'a-t-elle pas de frontière commune ?

A. Pays-Bas. B. Allemagne. C. Suisse.

Votre réponse : . . . .

Question 6

Qu'appelle-t-on « quirat » ?

A. Part de propriété d'un bateau en indivision.
B. Coût de transport d'une tonne par mille marin parcouru.
C. Cause d'échec d'un transbordement.

Votre réponse : . . . .

Question 7

Avec lequel de ces trois pays le Maroc n'a-t-il pas de frontière commune ?

A. Algérie. B. Mauritanie. C. Mali.

Votre réponse : . . . .

Question 8

À quelle époque a vécu le peintre Jean-François Millet ?

A. XVIIIe siècle. B. XIXe siècle. C. XXe siècle.

Votre réponse : . . . .

Question 9

S'agissant d'une « banne », laquelle de ces trois significations est inexacte ?

A. Store. B. Maillet. C. Panier.

Votre réponse : . . . .

Question 10

Quelle était la nationalité de Monsieur U Thant qui fut Secrétaire général de l'ONU de 1961 à 1972 ?

A. Birmane. B. Indienne. C. Mauricienne.

Votre réponse : . . . .

Question 11

En quelle année est décédé le célèbre compositeur W. A. Mozart ?

A. 1791. B. 1678. C. 1713.

Votre réponse : . . . .

Question 12

Dans quel pays se trouve le cirque de Gavarnie ?

A. Espagne. B. Italie. C. France.

Votre réponse : . . . .

Question 13

Parmi ces villes françaises, laquelle n'est pas arrosée par la Loire ?

A. Nevers. B. Orléans. C. Bourges.

Votre réponse : . . . C . . .

Question 14

Laquelle de ces villes n'est pas arrosée par la Meuse ?

A. Metz. B. Sedan. C. Liège.

Votre réponse : . . . B . . . .

Question 15

Lequel de ces états n'est pas canadien ?

A. Ontario. B. Dakota. C. Alberta.

Votre réponse : . . B . . . . .

Question 16

Laquelle de ces villes n'est pas en Colombie ?

A. Caracas. B. Cali. C. Bogota.

Votre réponse : . . A . . . .

Question 17

Parmi ces vins, lequel n'est pas originaire de la région bordelaise ?

A. Côtes-de-Bourg. B. Saint-Émilion. C. Côtes-de-Beaune.

Votre réponse : . . . . A . . .

Question 18

Parmi ces villes, laquelle ne se situe pas en Bretagne ?

A. Saint-Malo. B. Saint-Étienne. C. Saint-Brieuc.

Votre réponse : . . . . B . . .

Question 19

Laquelle de ces villes n'est pas suédoise ?

A. Copenhague. B. Göteborg. C. Stockholm.

Votre réponse : . . A . . . .

Question 20

À qui devons-nous le vaccin contre la rage ?

A. Ambroise Paré. B. Louis Pasteur. C. René Laennec.

Votre réponse : . . B . . . . .

Question 21

Ces trois ports figurent parmi les plus importants au monde : lequel n'est pas européen ?

A. Anvers. B. Rotterdam. C. Chiba.

Votre réponse : . . . .

Question 22

Parmi ces écrivains, lequel n'est pas belge ?

A. Jean Ray. B. Henri Michaux. C. Antonine Maillet.

Votre réponse : . . . .

Question 23

Que représente la « Tapisserie de la Reine Mathilde » exposée à Bayeux ?

A. Le débarquement en Normandie.

B. L'arbre généalogique des Bourbons.

C. La conquête de l'Angleterre.

Votre réponse : . . . .

Question 24

Où fut signé l'armistice du 11 novembre 1918 ?

A. Rethondes. B. Versailles. C. Berlin.

Votre réponse : . . . .

Question 25

Parmi ces départements français, lequel n'a pas de limite maritime ?

A. Morbihan. B. Loire. C. Landes.

Votre réponse : . . . .

Question 26

Lequel de ces fromages n'est pas français ?

A. Maroilles. B. Fribourg. C. Langres.

Votre réponse : . . . .

Question 27

La ville de Salers a donné son nom à une race bovine. Où se trouve-t-elle ?

A. Dans le Cantal. B. Dans le Calvados. C. Dans l'Allier.

Votre réponse : . . . .

Question 28

Parmi ces rivières et fleuves lequel arrose la ville de Lille ?

A. L' Escaut. B. La Lys. C. La Deûle.

Votre réponse : . . . .

Question 29

En quelle année est décédé le Président Georges Pompidou ?

A. 1969. B. 1972. C. 1974.

Votre réponse : . . . .

Question 30

Lequel de ces fromages est fabriqué avec du lait de brebis ?

A. Roquefort. B. Comté. C. Cantal.

Votre réponse : . . . .

Cotation

- Si vous avez dépassé le temps limite de quinze minutes, votre résultat est dépourvu de signification.
- Au-dessus de vingt-six réponses correctes, vous pouvez faire état d'une bonne culture générale.
- Entre vingt et vingt-six réponses exactes, vous vous situez dans la bonne moyenne.
- En dessous, vos lacunes peuvent constituer un handicap.

Lisez le chapitre consacré à l'indicateur ❖.

Solutions

1. A	9. B	17. C	25. B
2. A	10. A	18. B	26. B
3. C	11. A	19. A	27. A
4. B	12. C	20. B	28. C
5. C	13. C	21. C	29. C
6. A	14. A	22. C	30. A
7. C	15. B	23. C	
8. B	16. A	24. A	

Scores : commentaires et conseils

INDICATEUR *
potentiel d'apprentissage

Quand une entreprise doit lancer sur le marché une technique nouvelle, il lui faut trouver des hommes capables d'apprendre et de maîtriser cet art nouveau. La mesure du potentiel d'apprentissage des candidats constitue alors l'essentiel des tests de recrutement. L'intérêt de tout candidat est de n'être recruté que si, véritablement, il a la capacité d'apprendre dans un délai raisonnable. Cet indicateur est d'autant plus important que nombreuses sont aujourd'hui les situations dans lesquelles il nous faut découvrir et maîtriser une technique nouvelle pour intégrer une entreprise ou accompagner son évolution technique. Le potentiel mesuré est la capacité de compréhension et d'utilisation pertinente des connaissances acquises.

Si votre score est supérieur à 35

Au premier âge de l'informatique, vous auriez pu être embauché par une grande compagnie, découvrir le matériel et la technique, apprendre la programmation et faire carrière dans l'entreprise. Le potentiel dont vous disposez ne vous prédispose pas plus particulièrement à une profession qu'à une autre. Vous disposez d'une mécanique intellectuelle propre à vous permettre de comprendre vite et d'apprendre tout aussi rapidement. Vous pouvez mettre à profit cette capacité dans bien des domaines. Toutefois, ne confondez pas savoir et savoir-faire. Celui-ci exige un apprentissage bien conduit, même dans les professions intellectuelles. On ne s'improvise pas sculpteur même si l'on connaît sur le bout des doigts les outils, les techniques et les matériaux !

Si votre score est supérieur à 28

Un score moyen peut être considéré comme le minimum requis pour toute fonction d'encadrement ou d'enseignement. Ce niveau est également nécessaire pour bien exercer des professions dans lesquelles la masse des connaissances à maîtriser et utiliser en permanence est importante. Tel est le cas des fonctions techniques dans la maintenance ou la réparation.

Si votre score est moindre

Un score faible n'interdit pas d'envisager de fort belles carrières, dans la vente notamment, si vous avez la force et la volonté requises pour réussir dans ce domaine difficile où la persévérance et le travail font la différence. Évitez soigneusement de vous mettre en difficulté en voulant assumer des fonctions que vous ne pourriez vraiment maîtriser. Vous perdriez des chances et vous prendriez un ticket pour toutes ces maladies graves qui découlent du stress négatif intense.

À noter

Il est courant, aujourd'hui, d'affirmer que chacun de nous devra changer trois fois de métier ou de spécialisation ou de technique au cours de sa vie professionnelle. Nous sommes donc contraints d'apprendre, tous sans distinction, mais il est des domaines moins complexes que d'autres.

INDICATEUR + esprit pratique

Chacun a rencontré un artisan ayant façonné un outil inédit ou développé une technique particulière pour répondre à un besoin spécifique. Son ingéniosité nous a séduit, autant que son habileté ou son perfectionnisme. Que ce soit dans le garage de votre rue ou dans une grande usine loin de chez vous, la capacité à trouver des solutions techniques nouvelles permet à certains de travailler vite et mieux. Cet indicateur est révélateur de votre aptitude pour les travaux manuels et de votre amour du travail bien fait si vous avez répondu avec la plus stricte objectivité aux questions du test. Vous connaissez votre goût pour les travaux manuels. Il est essentiel de bien distinguer habileté et intérêt. On peut peindre à la perfection son appartement et ne pas avoir envie d'en faire son métier !

Si votre score est supérieur à 26

Ce résultat ne doit pas vous surprendre. Vous avez peut-être déjà songé à des professions dans lesquelles votre grande habileté peut faire merveille. Les bons artisans sont fort recherchés tant par la clientèle des particuliers que par celle des entreprises qui ont besoin de fournisseurs ou sous-traitants talentueux. Un tour de main nécessite une longue pratique. Ne brûlez pas les étapes et profitez pleinement de l'apprentissage en sélectionnant bien votre maître formateur !

Si votre score est supérieur à 20

Un score moyen peut être le reflet d'une capacité réelle et d'un intérêt limité. Il importe de bien vous interroger sur ce point avant de choisir un métier dans lequel, certes, vous excellerez mais sans vous épanouir comme vous le souhaiteriez. Il est possible que vous préfériez un métier différent bien que nécessitant connaissance et habileté. Tels sont les cas des vendeurs en outillage et matériels, des formateurs ou des responsables de service après-vente.

Si votre score est moindre

Un score faible dénote une absence de goût pour le travail manuel ou un manque d'intérêt pour les arts et techniques. Peut-être avez-vous un plus fort penchant pour la balance comptable et la préférez-vous à la balance électronique ?

À noter

Certaines personnes sont parfaitement capables de définir des processus ou décrire des mécanismes tout en étant malhabiles et, par conséquence, inaptes à la mise en œuvre des procédés imaginés. Elles peuvent exceller dans l'enseignement ou se révéler très utiles en qualité d'ergonomes.

INDICATEUR ◆ facilité d'expression

Savoir expliquer de façon limpide, voici qui est essentiel lorsqu'il faut informer ou tout simplement assister un client en difficulté. Les entreprises ont le plus grand besoin actuellement de collaborateurs capables d'élaborer des guides d'utilisation clairs et précis ou d'apporter à la clientèle tous les apaisements souhaités par des courriers et contrats correctement rédigés. Beaucoup de contentieux naissent de l'imprécision d'une notice ou de l'inadéquation des termes utilisés sur l'écran du site internet de l'entreprise. Cela est d'autant plus regrettable que la langue française est celle qui offre tous les outils nécessaires à une rédaction claire et précise. Ceci est la raison pour laquelle de nombreux grands contrats internationaux sont rédigés et signés en français ! Cet indicateur tient compte de votre orthographe, de votre connaissance de la langue et des mots qui la composent ainsi que de votre aptitude à appréhender des concepts.

Si votre score est supérieur à 55

Ce score est un atout pour toute fonction impliquant un rôle de présentation et d'explication. Ceci n'est pas seulement l'apanage des avocats, prédicateurs et autres conférenciers ou dirigeants d'entreprises. Bien d'autres professionnels ne peuvent réellement exceller dans leur métier sans cette facilité d'expression définie ci-dessus : responsable de la communication externe ou interne, psychologue, interprète, sociologue, ergonome, conseil en management, conciliateur social, rédacteur dans une agence de communication, concepteur de guides d'utilisation et livrets d'entretien, ingénieur-conseil, professeur, bibliothécaire, documentaliste, scénariste, dialoguiste, romancier, journaliste, médecin chef de service, critique d'art, chroniqueur, responsable des ressources humaines. Cette liste n'est pas limitative !

Si votre score est supérieur à 44

Il est possible d'affirmer de manière formelle que la bonne maîtrise des diverses professions énumérées plus haut est totalement impossible en deçà de ce niveau de score, quelles que soient les grandes qualités manifestées par ailleurs. D'une façon plus générale, prétendre à des fonctions d'encadrement avec un résultat inférieur à ce score moyen est particulièrement hasardeux.

Si votre score est moindre

Si le français n'est pas votre langue maternelle ou si vous avez effectué votre scolarité dans une autre langue, un piètre résultat ne doit pas vous décourager ni vous empêcher d'entreprendre la formation souhaitée. Une langue, cela s'apprend !

Un score faible n'interdit pas d'envisager des activités très lucratives. Préférez le travail effectué seul, de façon autonome. Des artisans réputés ont une facilité d'expression réduite mais ils vendent des produits dont la qualité est reconnue. Cette excellence parle pour eux !

À noter

La facilité d'expression ici définie porte tout autant sur l'expression orale que sur l'expression écrite. Enfin, elle exclut les problèmes ou handicaps physiques (exemple : le bégaiement).

INDICATEUR ✤ aptitude au calcul

C'est arrivé. Content d'avoir achevé sa présentation, le jeune cadre a priori prometteur, voire brillant, a repris sa place. C'est alors que le Président a donné la parole aux membres du Comité de Direction. Le premier à parler n'avait pris aucune note. Il n'a pas traité des idées. Il a seulement exposé que l'opération mathématique, en haut à gauche sur le tableau, ne pouvait pas donner le résultat présenté. Il n'y a pas eu d'autre intervention et notre jeune cadre est reparti, penaud. L'explication est simple. Il a utilisé une calculatrice. Il a mal posé un nombre. Il n'a pas vérifié de tête que le résultat affiché était plausible. Il a construit un argumentaire sur cette donnée essentielle mais tout à fait fausse. Il a ruiné ses espoirs, à court ou moyen terme tout au moins.

Croire que le calcul mental est inutile aujourd'hui ou ne concerne que les marchands de quatre saisons est une idée fausse. Tout vérificateur, tout contrôleur vous montrera que les anomalies se traquent le plus souvent à l'œil nu en repérant les incohérences.

Si votre score est supérieur à 36

Cette aptitude vous sera très utile dans tous les métiers de conception technique, que vous soyez technicien spécialisé dans la résistance des matériaux, géomètre, ingénieur ou architecte. Elle est une nécessité pour tous les métiers dans lesquels la manipulation de chiffres est quotidienne : gestionnaire de production, commissaire aux comptes, contrôleur de gestion, trésorier, caissier, comptable, employé de banque, gestionnaire des approvisionnements, chef de rayon en grande distribution, gestionnaire de fonds de placement, auditeur de banque, agent des marchés interbancaires, agent de change, statisticien, gérant de société d'investissement, comptable du trésor public, contrôleur des impôts, inspecteur des douanes, astronome, physicien, ainsi que tous les métiers du commerce. Enfin, on imaginerait mal qu'un professeur de mathématiques puisse être compétent si son score n'était pas des plus élevés !

Si votre score est supérieur à 28

Un score moyen peut être considéré comme le minimum requis indispensable pour l'exercice de toutes les professions citées plus haut. Ce niveau est également souhaitable dans toutes les fonctions commerciales, quel que soit le secteur d'activité. Un vendeur ne serait pas très performant s'il ne faisait la différence entre une remise de cinq pour cent et une ristourne deux fois supérieure !

Si votre score est moindre

Un score faible n'est pas définitif. La distraction peut en être la cause. Un défaut d'entraînement constitue un handicap.

L'arithmétique, cela s'apprend et s'exercer est possible en tous temps, dans toutes les situations. Si vous êtes irrémédiablement rétif, vous pouvez vous tourner vers les fonctions dans lesquelles les chiffres sont absents. Elles sont légion.

À noter

Si vous avez des lacunes en ce domaine et souhaitez éviter des déboires, veillez à utiliser une calculatrice dotée d'une imprimante pour faire vos opérations. Également, vérifiez vos résultats en passant l'opération inverse (exemple : multiplier le résultat pour vérifier une division).

INDICATEUR ▶ créativité – capacité à innover

Toute entreprise doit innover en permanence. Le besoin de créativité est donc important. Nous avons ajouté la capacité à innover pour bien faire comprendre que la créativité utile n'est pas ce qui se revendique comme telle dans certains domaines où choquer semble un procédé obligé. Chaque jour, des entreprises, donc des hommes, créent des produits et services nouveaux. Mais l'innovation ne se limite pas aux nouveautés et ce sont des créatifs qui imaginent une autre façon de recevoir la clientèle ou conçoivent un procédé de fabrication moins onéreux. Le cadre administratif qui met en place un nouveau formulaire compréhensible à première lecture fait œuvre de créativité utile. Enfin, tout homme de raison sait que l'idée nouvelle jaillit du choc de deux idées anciennes. Comment innover si l'on ne connaît rien ?

Si votre score est supérieur à 39

Un score élevé vous qualifie pour jouer le rôle d'électron libre au sein d'un groupe de travail chargé de trouver des pistes et voies nouvelles. Toutefois, vous ne serez apprécié dans ce rôle que si vous savez privilégier l'idée novatrice et n'omettez pas de valoriser les suggestions des autres participants. Par ailleurs, sauf à maîtriser la technique de l'entreprise, vous ne pourrez ni diriger le groupe ni évoluer au sein de la structure. Au travail en agence de communication auquel chacun pense en premier, vous ajouterez toutes les organisations à vocation culturelle ou artistique.

Un score élevé vous permettra de vous épanouir dans la création de produits ou procédés nouveaux si vous êtes ingénieur ou architecte (ou technicien œuvrant sous la conduite de ces professionnels).

Si vous êtes consultant ou médiateur, quel que soit le domaine d'application, votre créativité vous aidera à concevoir les schémas d'organisation ou de négociation propres à résoudre les problèmes pris en charge.

Une bonne créativité permet évidemment d'envisager tous les métiers dits « de création », mais encore ceux de créateur d'entreprise ou de dirigeant d'entreprise, si les autres compétences requises sont au rendez-vous.

Si votre score est supérieur à 28

Un score moyen peut être considéré comme le minimum requis pour tout individu ayant à diriger une unité de production car il lui faut imaginer les solutions nouvelles nécessitées par les problèmes nouveaux. Également, ce score est propre à vous permettre d'enseigner en intéressant et motivant les élèves, étudiants ou stagiaires. Il en va de même pour le journaliste amené à faire comprendre vite une situation grâce à des images pertinentes.

Si votre score est moindre

Un score faible n'interdit pas d'envisager de brillantes carrières. Vous pouvez envisager des postes d'encadrement dans de grandes structures où le respect des règles et procédures l'emporte sur l'initiative. Les métiers de la vente ne requièrent pas de créativité personnelle mais une attention aux idées du client. Il vous est possible d'exceller dans tous les métiers du commerce et de l'artisanat, à la seule exception des métiers d'art.

À noter

Il convient de souligner tout particulièrement ici que l'on peut « ne pas être créatif pour un sou » et savoir parfaitement mettre à profit les capacités de création des autres !

INDICATEUR ◀ aptitude à encadrer

Faire travailler est bien plus complexe que de produire soi-même. Tout cadre doit savoir organiser son travail et celui de l'ensemble de son service. Il doit savoir décider, expliquer ses décisions et transmettre ses méthodes ou critères de choix. Il doit savoir déléguer, c'est-à-dire confier à un collaborateur la mission consistant à atteindre un objectif mesurable, à une date définie, à l'aide de moyens humains, financiers et matériels déterminés. Il doit savoir réunir ses collaborateurs pour les informer, les consulter ou leur demander une décision. Il doit savoir animer son équipe, soit littéralement « donner une âme » au groupe. Il doit savoir représenter son service et le promouvoir. Il doit savoir prendre sur lui seul l'entière responsabilité de ce qui est accompli par l'équipe. Tout ceci exige non seulement du « savoir » mais aussi et surtout des dispositions humaines. Ce sont ces dispositions que notre indicateur apprécie.

Si votre score est supérieur à 44

Peut-être êtes-vous un leader en puissance? Ce résultat atteste de bonnes dispositions. Vous pouvez ou pourrez assumer une fonction d'encadrement. Toutefois, n'hésitez pas à apprendre. Comment former vos équipiers si vous ne savez, vous-même, discerner l'essentiel, ou si vous vous laissez piéger par la fausse urgence, ou encore si vous négligez le fond au profit de la forme? Dans une entreprise saine, un cadre est promu seulement lorsqu'il a réussi à faire œuvrer son équipe de telle sorte que son absence ne cause aucun problème.

Si votre score est supérieur à 37

Ce score moyen peut être considéré comme le minimum requis pour une prise de fonction dans un service de type administratif au fonctionnement régulier. Accepter d'encadrer une équipe opérationnelle serait risqué, pour vous et pour l'entreprise. Vous former est indispensable et ce doit être votre tout premier souci.

Si votre score est moindre

Un score faible, voire quasi nul, n'interdit pas d'envisager de brillantes et lucratives carrières dans le cadre de fonctions autonomes et plutôt solitaires.

À noter

Encadrer s'apprend. En France, actuellement, cet enseignement relève davantage de la formation continue que de la formation initiale. Tous les savoirs répertoriés en tête de chapitre peuvent être acquis dans le cadre de la formation continue, mais le chemin est long et l'apprentissage difficile.

INDICATEUR ▲ potentiel d'autonomie

Dans l'entreprise, certaines fonctions ne peuvent être assumées que par des personnes capables de travailler seules, voire même isolées, sans l'aide ni d'une équipe ni d'un encadrement proche. Cela peut être lié à l'activité de l'entreprise ou à la nature de la mission confiée au collaborateur. Tout professionnel, même très expérimenté, n'apprécie pas nécessairement cette solitude et le poids d'une responsabilité que personne ne partage. Par tempérament, certains n'aiment pas travailler autrement que dans une équipe et dans un grand bureau partagé (on parle aussi de « plateau paysager »). Ils aiment l'ambiance ainsi créée. Par tempérament encore, d'autres travaillent mieux dans une pièce isolée, sans bruit, sans dérangement, sans perturbation aucune. Enfin, des hommes travaillent nettement mieux lorsqu'ils se sentent indépendants et déterminent eux-mêmes leurs horaires, leur système d'organisation et leur rythme, en fonction des objectifs et des contraintes externes. Il y a des degrés dans l'autonomie comme dans les autres domaines de la vie. Il est certain que celui qui base ses choix sur ses propres convictions plutôt que sur le désir de plaire manifeste une autonomie incontestable. Ce type de comportement indépendant ne se rencontre pas fréquemment dans les entreprises ou organismes.

Si votre score est supérieur à 21

Votre besoin d'indépendance est certain et votre capacité à travailler de manière entièrement autonome pourrait être à la hauteur. Ceci vous permet d'envisager les professions libérales, commerciales ou artisanales. Les entreprises bien gérées sont également intéressées par vos services. Votre candidature devrait être bien reçue pour les postes situés à l'étranger, qu'ils soient techniques ou commerciaux. Votre degré d'autonomie vous qualifie pour des fonctions éloignées non seulement de l'entreprise mais aussi de notre cadre communautaire et culturel habituel.

Si votre score est supérieur à 16

Ce score moyen devrait vous qualifier pour bien des fonctions dans lesquelles la capacité à entreprendre seul ou à assumer seul la responsabilité de ses choix est déterminante : responsable d'unité, chef de chantier, responsable d'équipe d'intervention, ainsi que toute fonction impliquant un travail autonome.

Si votre score est moindre

Votre score est trop faible pour vous permettre l'accès à des fonctions d'encadrement ou à des postes isolés. En revanche, vous pourrez être très apprécié dans un milieu différent fonctionnant avec un encadrement permanent. Ces postes-ci sont plus nombreux que les précédents !

À noter

Entre la force de caractère du producteur autonome et l'aspect caractériel d'un individu peu soucieux d'autrui, il y a une grande différence !

INDICATEUR ▼ capacité à organiser

Cette aptitude est la capacité à établir un programme d'actions efficace en regard des objectifs poursuivis. Un professionnel organisé et méthodique est plus efficace, ne se perd pas dans les détails et va droit au but. Il se donne les atouts nécessaires pour produire le résultat attendu dans les délais convenus et avec une bonne garantie de qualité. Cette capacité à organiser son propre travail est indispensable à tout professionnel agissant avec une autonomie partielle ou totale. Tout individu ayant à encadrer devra en outre être capable d'organiser le travail des autres, ce qui implique d'autres aptitudes, tel l'art du commandement.

Si votre score est supérieur à 35

Ce résultat atteste de bonnes pratiques personnelles et de la maîtrise de connaissances de base en matière d'organisation. Vous devez donc être un professionnel efficace dans le domaine que vous maîtrisez. Ceci ne suffit pas à faire de vous un conseil en organisation ou un ergonome de haut niveau. L'organisation du travail suppose la maîtrise de bien des techniques qui ne peuvent être appréciées dans le cadre de ce test. Toutefois, il est certain que, si des fonctions telle l'organisation de la production vous séduisaient, vous avez toutes les dispositions voulues pour tirer le meilleur profit de cet enseignement. Dans les applications quotidiennes inhérentes à toute fonction d'encadrement, vous devriez obtenir de bons résultats, si votre capacité à animer une équipe est à la hauteur de votre talent d'organisateur. Coordonner des corps de métier sur un chantier, comme toute autre fonction de planification, devrait vous convenir.

Si votre score est supérieur à 28

Ce niveau moyen devrait être considéré comme le minimum en deçà duquel il serait hasardeux de se lancer dans un métier supposant une grande marge d'autonomie. Également, en dessous de ce niveau, un cadre compromettrait gravement l'efficacité de son équipe. Organiser s'apprend et d'excellentes formations sont dispensées dans le cadre habituel de la formation continue. Il est possible de se former seul avec de bons manuels achetés chez le libraire, à la condition que la volonté soit au rendez-vous. N'oubliez pas que les outils d'organisation de votre profession ne se trouvent pas « prêts à monter » dans le commerce. Chacun doit adapter les outils existants en fonction des contraintes de son métier.

Si votre score est moindre

Un score faible n'interdit pas de faire carrière dans des postes d'exécution. Apprendre permet d'envisager des promotions. Être organisé permet de mieux profiter de tous les instants de la vie.

À noter

Tout apprenti apprend que le bon compagnon range ses outils et ne quitte jamais son chantier sans avoir procédé au nettoyage nécessaire. Ceci est un préalable à l'organisation.

INDICATEUR ✦ indice d'émotivité

Une hyperémotivité ou une émotivité exacerbée serait source d'instabilité pour le collaborateur et pour l'équipe de travail toute entière. Une gestion des émotions plus proche des standards de la population est plus appropriée lorsqu'il y a lieu de travailler au contact de la clientèle en particulier ou du public en général.

Si votre score est supérieur à 25

Votre émotivité est forte. Toutes les professions impliquant un accueil du public ou une relation directe avec la clientèle sont à déconseiller. Les professions médicales sont à éviter de même que toutes celles qui supposent d'avoir à faire face régulièrement à des situations d'urgence. Les fonctions d'encadrement ne devraient être envisagées qu'avec la plus grande prudence.

L'hyperémotivité est vue comme un atout dans divers métiers artistiques. Quelque peu endiguée, elle convient à des personnes dont la mission essentielle est l'accompagnement. Tous les métiers de services et d'assistance aux personnes pourraient être envisagés et certains psychologues attendent un effet bénéfique de ce contact régulier avec des individus peu épargnés par la vie.

Si votre score est voisin de 15

Vous avez une gestion des émotions proche de la moyenne. Avec une bonne empathie, vous pourriez réussir dans les métiers dits de contacts humains : hôte ou hôtesse, guide, télévendeur, livreur installateur, démonstrateur, guichetier, conseiller commercial, responsable du contentieux ou du service des réclamations, réceptionniste, serveur, maître d'hôtel, voiturier, agent de voyage, aide-soignant, chauffeur de taxi ou de véhicule sanitaire, cafetier, commerçant.

Si votre score est moindre

Un score faible indique une bonne maîtrise de l'expression des émotions, ce qui est un atout dans des professions liées aux accidents de la vie. Exemples : employé à l'état civil, agent des pompes funèbres, policier, gendarme, pompier, assistant social, secouriste, psychologue, psychiatre, psychanalyste, médecins et infirmiers des services d'urgence.

À noter

Ne confondez pas. Un individu qui contrôle bien l'expression de ses émotions n'a pas nécessairement une personnalité dure et insensible. Le contrôle de soi n'empêche pas la compassion et, bien souvent, il permet d'aider beaucoup mieux.

INDICATEUR ✪ indice de persévérance

Certains athlètes s'inscrivent pour le cent mètres haies. D'autres se veulent marathoniens. L'un n'est pas meilleur que l'autre mais chacun domine l'autre dans sa spécialité. L'entreprise a autant besoin de coureurs de fond que de sprinters. Les deux lui sont indispensables. Ce qui importe, c'est que chacun soit à sa place et tienne correctement son rôle. Bien des personnes seraient incapables de suivre le rythme d'un représentant de commerce. Physiquement et psychologiquement, elle vivraient un calvaire. Ce même excellent vendeur ne pourrait exercer ses talents si les bons de commande n'étaient transformés en argent... celui-là même qui permet de payer les salaires, entre autres !

La persévérance est nécessaire pour aller au bout d'un travail long et fastidieux. Elle est indispensable lorsque l'œuvre entreprise ne peut être gratifiante qu'à long terme. Seule une personne très persévérante peut se former pendant des mois, voire des années, pour devenir enfin opérationnelle dans une fonction. Il convient encore d'allier persévérance et patience pour évoluer dans certaines structures car les prises de décisions, même minimes, sont particulièrement longues et l'issue est toujours incertaine.

Si votre score est supérieur à 18

Vous ne devez pas être surpris par ce résultat car votre entourage a certainement déjà eu l'occasion de vous louer sur ce point. C'est un atout à mettre sur la table lors d'un entretien d'embauche. Savoir poursuivre un but à très long terme tout en étant capable de mener simultanément des actions très rapides, c'est ce à quoi pensent de nombreux dirigeants lorsqu'ils recrutent un cadre.

Si votre score est supérieur à 15

Ce score vous situe dans la bonne moyenne et, combiné avec un bon potentiel d'autonomie, vous permet de postuler pour des fonctions intéressantes et relativement indépendantes. Le travail de recherche en est un exemple. Vous pouvez postuler pour des fonctions dans lesquelles le contrôle ne peut intervenir qu'a posteriori. C'est le cas de missions de longue durée effectuées loin de l'entreprise. L'expatriation pourrait vous tenter.

Si votre score est moindre

Ne postulez jamais que pour des métiers ou fonctions dans lesquels les résultats se mesurent au jour le jour. Ce stimulant quotidien, cette façon de vivre « en temps réel », c'est ce qu'il vous faut.

À noter

Être persévérant ou être obtus, il ne faut pas confondre. D'ailleurs, le premier ne radote pas. Sans cesse, il remet sur le métier son ouvrage, toujours en des termes différents, jusqu'à ce que l'objectif soit atteint.

INDICATEUR ★ capacité à s'adapter

Travailler simultanément ou successivement pour des clientèles différentes, voici qui exige une grande capacité d'adaptation. Dans certains secteurs d'activité, les modes d'organisation et les procédures sont revus, corrigés et modifiés très souvent. Ce n'est pas le fait de la versatilité du dirigeant. C'est une nécessité liée au métier, aux exigences de la clientèle ou à l'évolution rapide des produits et services offerts.

La capacité à s'adapter, donc à changer de système pour atteindre les objectifs malgré les difficultés, est une obligation pour tout responsable de mission, qu'il avance seul ou entouré de nombreux collaborateurs.

Si votre score est supérieur à 14

Votre adaptabilité est excellente. Elle peut être le fruit d'une bonne écoute de l'autre. Parce que vous découvrez plus vite et mieux ce que le client attend de vos services, vous pouvez exceller dans les métiers du commerce. Un exemple nous est donné par le serveur d'une grande brasserie bruxelloise que nous voyons évoluer en souplesse entre une clientèle d'affaires, une table de fonctionnaires guindés, une banquette d'étudiants et un groupe de touristes coréens.

L'expatriation peut vous tenter. Vous pouvez également vous sentir « comme un poisson dans l'eau » dans les milieux artistiques. Les activités itinérantes pourraient vous attirer. Votre curiosité trouverait son compte dans ces univers si différents.

Si votre score est supérieur à 11

Ce résultat témoigne d'une souplesse de bon aloi et d'une aptitude à trouver le bon ton ou la bonne attitude. Vous faites peut-être partie de ceux qui aiment observer et prennent le temps d'analyser avant d'adopter les changements proposés. Une nature fidèle a de quoi séduire un recruteur !

Si votre score est moindre

Si ce résultat témoignait d'une rigidité, plus ou moins grande, vous pourriez trouver « chaussure à votre pied » en pensant à ces métiers dans lesquels l'inflexibilité est une vertu recherchée. Le cadre inamovible de certains organismes, telle l'armée, serait le havre que vous souhaitez. Nous prenons cet exemple pour bien montrer que ceci n'est pas incompatible avec l'action, dans des conditions différentes, sur des terrains souvent mouvants.

À noter

Ne confondez pas grande capacité d'adaptation et instabilité ou indécision maladive. De même, une certaine rigidité ou résistance au changement ne doit pas être prise pour une inadaptation !

INDICATEUR ✱ esprit d'initiative

Savoir prendre la décision nécessaire en temps opportun, telle pourrait être la définition de cet esprit d'initiative si souvent souhaité, à en croire la lecture des petites annonces d'offres d'emplois. Un bon psychologue chargé de recrutement pourrait nous parler de la capacité à exercer librement une fonction ou à assumer une responsabilité sur un objectif. L'entreprise ne souhaite encourager que les initiatives heureuses, c'est-à-dire celles qui permettent de lever des obstacles et rapprochent de l'objectif à atteindre. L'esprit d'initiative recherché est fruit du discernement et n'a aucun lien avec la fantaisie d'un esprit futile ou le rejet des contraintes réglementaires.

L'intérêt de l'entreprise impose le respect des consignes et procédures. L'employé qui adapte la mise en œuvre par souci d'efficacité, tout en étant rigoureusement fidèle à la politique définie, fait preuve d'esprit d'initiative.

Si votre score est supérieur à 16

Votre esprit d'initiative est réel et doit intéresser un recruteur. Avant un entretien, rassemblez quelques exemples d'initiatives heureuses et n'oubliez jamais de montrer que vous avez agi dans l'intérêt de l'entreprise qui vous employait. Également, montrez que votre décision, si elle dérogeait aux procédures habituelles, n'en était pas moins rigoureusement conforme à la ligne politique définie par votre employeur.

Si votre score est supérieur à 12

Vous êtes de ceux qui sont capables de prendre des initiatives lorsque le besoin s'en fait sentir. Veillez toujours à bien vous situer dans la ligne de la politique fixée par la direction. Démontrez que vos choix ne sont pas hasardeux mais efficaces. Soulignez les bénéfices que l'organisme en retire. Il serait difficile de dresser une liste des fonctions dans lesquelles vous serez apprécié. Ce serait une gageure que de prétendre établir un catalogue des métiers pour l'exercice desquels l'esprit d'initiative serait un « moins ».

Si votre score est moindre

Chacun a son tempérament et le vôtre est différent. Faites-vous apprécier pour votre rigueur, votre ponctualité et votre fiabilité. Ayez soin de travailler au sein d'équipes dans lesquelles d'autres seront heureux de prendre les initiatives à votre place. L'entreprise a aussi besoin de collaborateurs qui remplissent leur mission sans changer un iota aux instructions reçues.

À noter

Seuls les gens sérieux peuvent ne pas se prendre au sérieux. Prendre l'initiative du bon mot qui déride ou pratiquer l'autodérision comme hygiène de vie, voici qui révèle l'intelligence et la sérénité.

INDICATEUR ✖ sens éthique

L'intégrité, le sens moral, le respect de l'éthique ou l'honnêteté ne sont pas que des sujets de discours. Par ailleurs, contrairement à une idée fausse trop répandue, ils ne s'opposent pas au « sens des affaires ». Bien mieux, ils y contribuent très efficacement. Une étude sérieuse de l'histoire des civilisations le démontre : plus le sens moral des acteurs de la société est élevé, plus la communauté est florissante. Plus les hommes hésitent à faire confiance à l'autre, moins ils échangent de biens ou de services.

Les entreprises souhaitent recruter des collaborateurs loyaux qui œuvreront dans le sens convenu. Il est particulièrement coûteux de gagner des clients. Cela prend aussi beaucoup de temps. Perdre des clients est plus aisé et beaucoup plus rapide. Un employé déloyal suffit à faire fuir la meilleure clientèle, quelle que soit l'activité de l'entreprise.

Si votre score est supérieur à 25

Votre fidélité aux principes moraux est certaine, si nous nous en tenons à vos réponses au test, autrement dit à vos propres déclarations. Vous pouvez postuler à des fonctions impliquant une grande autonomie et de larges responsabilités. Vous pensez également à tous les corps de métier dans lesquels la rigueur est la première exigence : comptable, caissier, transporteur de fonds, agent de police, gendarme, garde du corps, inspecteur de police, commissaire aux comptes, procureur, magistrat, greffier, gardien de prison, employé de banque, huissier, notaire, trésorier payeur général, gestionnaire de fonds d'investissements, agent de change, banquier, gardien de nuit, auditeur...

Si votre score est supérieur à 18

Ce score moyen peut être considéré comme le minimum requis pour une embauche. De nombreuses entreprises cherchent à s'assurer de la loyauté et de l'intégrité des postulants. Elles savent que tous les collaborateurs ne manipulent pas d'argent mais que la plupart ont accès aux procédés de fabrication, aux études prospectives, aux procédés commerciaux, aux résultats des travaux de recherche ou aux méthodes d'une manière générale... autant dire à tout ce qui fait le patrimoine et la valeur de l'entreprise !

Si votre score est moindre

Vous avez peut-être été distrait. Ou vous vous êtes laissé séduire par quelque idée fausse. Ou vous êtes sous le coup d'un drame que vous venez de subir et vos repères en ont été bouleversés. À vous de savoir et d'agir en conséquence.

À noter

Tous les spécialistes vous le diront : un client insatisfait parce que trompé vous fera perdre neuf autres clients dans les douze mois.

INDICATEUR ■ esprit d'équipe

Pour qui s'intéresse à la lecture des petites annonces d'offres d'emploi, ce pourrait être un jeu : de l'esprit d'initiative à l'esprit d'équipe, lequel est le plus cité dans la page du jour ?

La raison en est que l'entreprise est nécessairement une équipe. Quand bien même le travail confié à Monsieur Martin est une mission qu'il peut mener à bien de manière autonome, viendra le jour où un autre collaborateur devra prendre le relais, ne fut-ce que pour livrer le produit à un client, ou pour l'intégrer dans un ensemble plus vaste, ou pour le vérifier dans le cadre de sa mission de contrôle qualité. Pour assurer le salaire de Monsieur Martin, il faut que le produit ait été installé et mis en service chez le client. Il est nécessaire que le comptable ait émis la facture et encaissé le paiement.

Avoir l'esprit d'équipe, c'est avoir toujours présent à l'esprit l'intérêt supérieur de l'équipe toute entière. Cela implique de remplir sa mission entièrement et ponctuellement. (Que diriez-vous d'un joueur de football qui arriverait toujours quinze secondes après le ballon ?) Cela impose de tenir son rôle, tout son rôle et pas le rôle du voisin. (Encore, dans une rencontre de football, que diriez-vous d'un gardien qui négligerait son but pour monter à l'avant ?) Arriver à cette cohésion ne va pas toujours sans mal et une bonne pratique de la collégialité comme une communication de tous les instants sont des conditions du succès.

Si votre score est supérieur à 23

Vous avez un bon esprit d'équipe, bien compris et parfaitement intégré. Vous devez faire un excellent équipier, peut-être aussi un talentueux chef d'équipe parce que respectueux de chacun. Toutes les missions menées en équipe peuvent être envisagées dès lors que vous maîtrisez la technique de l'entreprise.

Si votre score est supérieur à 16

Il se peut que certaines règles du travail en commun vous soient encore étrangères. Vous pourrez peut-être en découvrir en relisant certaines questions ou en réfléchissant sur l'article ci-dessus. Une excellente façon de progresser en ce domaine consiste à consulter les coéquipiers. Profitez d'un tête à tête pour questionner l'un d'eux et proposez lui de vous dire ce que vous pourriez améliorer chez vous pour que l'équipe fonctionne encore mieux. Votre démarche sera appréciée. Votre approche modeste séduira. Vous apprendrez beaucoup et recevrez l'estime en prime.

Si votre score est moindre

Un premier pas consiste à veiller avec soin à la qualité de votre travail, à sa régularité et au respect de vos engagements de délais. Votre respect du travail bien fait va plaider pour vous et pour votre intégration dans l'équipe.

À noter

Partager de bons moments ne remplace pas le respect des engagements individuels et ne saurait compenser les lacunes d'une organisation inexistante ou défaillante.

INDICATEUR ● force de l'ambition

Bien des missions professionnelles sont difficiles, dures, harassantes et même parfois ennuyeuses. Sur ce dernier point, il importe d'avoir conscience de la part de répétition que comporte toute fonction. Sous des aspects quelquefois brillants, certains travaux comportent en réalité plus de quatre-vingt pour cent de tâches répétitives. « Avoir la force de se lever et d'y aller » comme disent modestement certains, nécessite d'être volontaire et ambitieux. Il peut sembler impossible de mener seul une mission de longue haleine si l'on n'est soutenu par la force d'une ambition légitime. Cette dernière peut dans certains cas être associée à l'amour propre. Cette force est le moteur du bon professionnel soucieux d'être apprécié pour la qualité de ses réalisations.

Si votre score est supérieur à 22

Il vous faut être attentif à bien distinguer la force de l'ambition définie ci-dessus et le carriérisme qui est une déviance. Au souci de qualité et à l'estime de soi, le carriériste oppose la flagornerie, la dissimulation, le calcul, l'absence de sens moral et l'hypocrisie en toutes circonstances. Ce personnage s'expose à bien des difficultés nées de risques sous-estimés ainsi qu'à toutes les maladies liées au stress et à l'anxiété.

Si votre score est supérieur à 16

Vous devriez avoir la force de mener à bien la carrière que vous ambitionnez. Veillez à l'entretien de vos forces physiques par une bonne hygiène de vie et vous réussirez, probablement au-delà de vos espérances premières.

Si votre score est moindre

« On ne fait pas boire un âne qui n'a pas soif ». Il serait gênant que ceci vienne à l'esprit de votre supérieur hiérarchique un jour, car, lassé par votre absence d'intérêt, il pourrait en venir à douter...

À noter

On ne peut avoir pour ambition d'atteindre un objectif qui, faute d'avoir été défini avec soin, se révèle pâle et dépourvu de toute attractivité.

INDICATEUR ▶ capacité à se concentrer (Mini-test I)

Ce mini-test avait pour objectif d'attirer votre attention sur le degré de concentration que votre discipline personnelle vous permet d'atteindre.

Certains peinent à fixer leur attention sur leur travail tandis que d'autres sont si concentrés que certains événements extérieurs leur échappent totalement.

Certains métiers sont plus exigeants que d'autres sur ce point. C'est incontestablement le cas des fonctions comptables et plus généralement le fait de toutes les tâches amenant à brasser de nombreuses données chiffrées. Les postes de contrôle visuel nécessitent eux aussi une concentration de tous les instants. Il faudrait encore citer tous les métiers dangereux et notre liste serait loin d'atteindre à l'exhaustivité.

Si vous postulez pour une fonction nécessitant une concentration totale, faites-le en connaissance de cause. Ne vous contentez pas de notre mini-test. Demandez au recruteur la possibilité de vous mettre en situation, « pour voir ».

Enfin, la qualité de votre concentration est étroitement corrélée avec votre forme physique. Ne l'oubliez jamais et adoptez une bonne hygiène de vie, sans dérogation possible ni le jour où vous travaillez ni la veille.

INDICATEUR ✿ aptitude à décider (Mini-test II)

Savoir décider est, aussi, affaire de tempérament. Un indécis sera toujours hésitant quand bien même l'entreprise mettrait à sa disposition de magnifiques outils d'aide à la décision.

Bien différencier l'essentiel et l'accessoire est une clef pour la prise de décision. Celui qui connaît bien son objectif peut distinguer l'important : c'est ce qui le conduit à la réalisation de l'objectif. Tout le reste est accessoire et doit passer ensuite, tant dans l'emploi du temps que dans la hiérarchie des critères à prendre en compte pour toute décision.

« Ne pas compliquer les choses simples » est un principe à ne jamais perdre de vue.

Dans notre mini-test, toutes les décisions sollicitées sont sans importance. Les énoncés ne recèlent aucun critère de choix. Toutes les réponses sont donc également « bonnes ». Quand vous avez compris cela, vous savez que le temps utilisé pour faire le test est uniquement celui de la lecture additionné au temps perdu à hésiter inutilement.

Votre indécision est proportionnelle au temps passé !

Pour être acteur de votre vie professionnelle (comme pour être acteur de votre vie tout simplement) préparez vos actions et définissez systématiquement vos objectifs. Enfin, n'oubliez pas que le plaisir et la détente sont des objectifs à ne pas négliger au fil d'une vie...

INDICATEUR ❖ culture générale (Mini-test III)

La culture générale est un ensemble de connaissances difficile à cerner parce que constitué de notions de base relevant des domaines les plus divers. Ces intérêts variés ont un point commun. C'est leur rapport à l'homme et le fait qu'ils participent de son univers. L'expression « faire ses humanités » dit bien ce que l'élève attend de l'enseignement secondaire : une ouverture sur le monde par l'acquisition de connaissances lui permettant d'écouter et comprendre, d'appréhender les différences et d'en faire ressortir toute la richesse. Comment participer activement à la vie d'une communauté humaine si on méconnaît sa nature, ses contraintes, ses us et coutumes ?

Votre propre richesse vous permet aisément d'inciter à la curiosité, ce qui est le propre de tout métier d'enseignant, formateur, guide, conservateur de musée, bibliothécaire ou documentaliste.

Une bonne culture générale permet d'envisager toutes les fonctions dans lesquelles l'écoute, l'analyse et la compréhension sont primordiales : médecin de famille (généraliste), conseil en recrutement, avocat, psychologue, pasteur, conseil en management, magistrat, éducateur, négociateur, médiateur, conseil matrimonial, diplomate, conseiller ou « éminence grise ».

Un score faible n'interdit ni de travailler, ni d'évoluer en société. Il y faut cependant un grand talent : celui de savoir se taire ! Se faire petit pour permettre à l'autre de briller davantage est une technique de séduction vieille comme le monde et souvent fort efficace, tant dans la sphère privée que professionnelle.

Petit répertoire commenté des métiers

LE POINT DE VUE DU RECRUTEUR

Nous avons voulu, à la fin de cet ouvrage, vous apporter un outil complémentaire. Son objectif est de répondre à une question de type « Suis-je fait pour le travail que je souhaite ? » ou, différemment, « Serais-je recruté pour le poste que je convoite ? ».

Dès lors, notre démarche est simple et elle consiste à vous remettre ci-après une liste de métiers. Pour chaque travail envisagé, nous avons porté, en regard, les points jugés essentiels par un conseil en recrutement. Nous avons utilisé les symboles des divers indicateurs que vous connaissez et pour lesquels vous avez à disposition une mesure objective : vos résultats aux tests du livre. Nous avons limité le nombre des symboles afin de vous donner une vue claire des critères de recrutement prépondérants constituant le plus souvent un minimum requis. Lorsque le symbole est plein, cela signifie qu'un fort résultat est jugé nécessaire sur cet indicateur. Lorsque le symbole est vide, cela signifie que la qualité est indispensable et constitue un critère d'embauche mais qu'un résultat moyen à notre test peut être suffisant.

Les informations qui vous sont données sous cette forme synthétique sont générales. Chaque recrutement étant un cas particulier, la pondération peut varier d'une sélection à l'autre. Le conseil en recrutement ne s'occupe pas que de vous. Il se préoccupe également des personnes avec lesquelles le futur embauché devra travailler. Ses analyses sur l'ambiance, les modes d'organisation et méthodes de commandement en usage dans l'entreprise conduisent le conseil en recrutement à moduler ses critères. Vous pouvez engager le dialogue sur ce sujet lors du deuxième entretien. Les meilleurs professionnels apprécieront beaucoup votre démarche.

Les divers indicateurs

✱	Potentiel d'apprentissage	✪	Indice de persévérance
✢	Esprit pratique	★	Capacité à s'adapter
◆	Facilité d'expression	✷	Esprit d'initiative
✤	Aptitude au calcul	✖	Sens éthique
▶	Créativité, capacité à innover	■	Esprit d'équipe
◀	Aptitude à encadrer	●	Force de l'ambition
▲	Potentiel d'autonomie	◗	Capacité à se concentrer
▼	Capacité à organiser	✿	Aptitude à décider
✦	Indice d'émotivité	❖	Culture générale

A

Accompagnateur en montagne : ◀, ✪, ✿
Assistant social : ✪, ▽, ☆, ✵
Acousticien : ✤, ✗, ✢
Actuaire : ✱, ✤, ❖, ▷, ❀
Administrateur de biens : ✤, ▼, ✖, ✢
Administrateur judiciaire : ✖, ✤, ✳, ◁
Administrateur de société : ✱, ▶, ✖, ❖
Affûteur : ✢, D
Agent commercial : ●, ✪, ▲, ✧, ✵
Agent de police : ✖, ■, ✢, ❀
Agent en douane : ✤, ✗, D, ✳
Agent immobilier : ✪, ●, ▼, ✢, ◈
Agent de voyage : ✤, ❖, ✵, ▽
Agent artistique : ✪, ●, ✿, ◈, ✢
Agent littéraire : ❖, ▶, ✪
Agent des marchés interbancaires : ✱, ✤, ▲, ✪, ◗
Agriculteur : ✢, ▲, ✵, ❀
Aide ménagère : ✢, ▽, ☆, ✵, ❀
Alpiniste : ●, ✢, ■, ✧
Ambassadeur : ✱, ◆, ❖, ✪, ✧
Ambulancier : ✷, ✿, ✢, ✧, ⍟
Animateur artistique : ◆, ▶, ◀, ☆
Animateur commercial : ✪, ●, ✵

Apiculteur : ▲, ✪, ✢, ❈
Arboriculteur : ✢, ▽, ⍟, ✺, ❀
Architecte : ✱, ✤, ▶, ▲, ❖
Architecte d'intérieur : ❖, ▶, ✾, ✥
Archiviste : ✪, ✥, ✺, ◑
Armurier : ✢, ✖, ✧
Artificier : ✤, ▼, ▷, ✺
Assureur (courtier, agent) : ✖, ●, ✾, ❈, ◇
Astronome : ✱, ✤, ❖, ◗
Attaché de presse : ▼, ☆, ✺, ◇
Auditeur financier : ✤, ✱, ✖, ▽, ⍟
Avocat : ✱, ◆, ✖, ❖, ▲

B

Banquier (directeur d'agence) : ✱, ◆, ◀, ✖, ✿
Banquier (employé) : ✤, ✖, ◗, □, ❈
Barman : ✸, ▽, ✥, ⍟
Bibliothécaire : ✱, ❖, ▽, △
Bijoutier : ✢, ▲, ❊, ❈
Billettiste : ✤, ▼, ◑, ❈
Biologiste : ✱, ✤, ◑, □, ❈
Blanchisseur : ✢, △, ▽, ☆
Bottier : ✢, △, ✺, ▷, ○
Boucher : ✢, ✤, ⍟, ✺, ○
Boulanger : ✢, ▲, ✤, ✺, ▷
Brocanteur : ✢, ◆, ❖, ⍟

C

Câbleur : ✢, ✾, ◑, ○
Caissier : ✤, ✖, ▽, ◑
Camionneur : ✪, ✢, △, ◑
Carrossier : ✢, □, ✺
Charpentier : ✢, ✤, □, ◑, ▷
Chauffagiste : ✢, ✤, ✺, ☆
Chimiste : ✢, ✱, ✤, ▷, ❈
Chirurgien : ✱, ✢, ◗, ✿, ✧
Cinéaste : ❖, ✥, ◁, □

Ciseleur : ✢, ❖, ▶
Coiffeur : ✢, △, ⍟, ✥, ▷
Commissaire aux comptes : ✖, ✤, ✱, ▼, ❖
Commissaire priseur : ❖, ◆, ✖, ▽, ☆
Commissaire de police : ✖, ■, ▼, ❖, ●
Commissionnaire de transport : ▼, ✤, ✣, ◑
Comptable : ✖, ✤, ✣, ✺, ◑
Concierge d'hôtel : ✢, ❀, ◈, ▽
Conducteur de travaux : ✤, ◀, ✢, ▼, ✿
Conseil en commerce extérieur : ✱, ❖, ◆, ✺, □
Conseil en communication : ❖, ◆, ▶, ✺, ○
Conseil en formation : ❖, ✱, ▶, ◀, ◆
Conseil en management : ✱, ✤, ✖, ○, ◈
Conseil matrimonial : ❖, ▶, ★, ◆
Conservateur : ✱, ❖, ◆, ◁, ✣
Constructeur promoteur : ✤, ◈, ☆, ✺, □
Contrôleur : ✖, ▽, ⍟, ✺, ✥
Courtier : ✤, ✪, ◇, ◈, ✧

D

Dactylographe : ◗, ✪, ▽, □, ○
Décorateur ensemblier : ✢, ❖, ▶, ◆, ▽
Dentiste : ✢, ✪, ❊, ❀, ◈
Dépanneur : ✢, ★, △, ▽, ✺
Dessinateur publicitaire : ▶, ✢, ❖, △, ◇
Docteur, médecin : ✱, ◆, ◗, ▲, ◈
Documentaliste : ✱, ❖, ✸, ▽, △

E

Ébéniste : ✢, ✥, ◈, ✺, ▷
Économiste : ✱, ✤, ✖, ◆, ❖
Éducateur : ❖, ✱, ✤, ◁, ✺
Électricien : ✢, ✤, ▽, ◑, ✺
Électronicien : ✢, ◗, ✤, ⍟, ❊
Éleveur : ✢, ▲, ✪, ❀, ◈
Enseignant : ❖, ✱, ✤, ▷, ✺
Ergonome : ✱, ❖, ✤, ◆, ✣

Étalagiste : ✢, ❖, ▶, ✸
Expert : ✖, ✱, ❖, ✤, ✣

F

Façonnier : ✢, ✤, ◈, ▷, ▽
Fleuriste : ✢, ◈, ▷, ❀
Formateur : ✱, ▶, ❖, ◀, ◆
Frigoriste : ✢, ✤, ✸, ✾, ▽

G

Garagiste : ✢, ▼, ✤, ⍟, D
Généalogiste : ▲, ❖, ▼, ✾
Gendarme : ✪, ●, ✖, ◈, ✧
Géomètre : ✤, ✣, ⍟, D, ✙
Gérant de portefeuille : ✤, ✖, ✿, △, ◈
Graphologue : ❖, ▲, ◆, ✖
Graveur : ✢, ◗, ✵, ▷
Greffier : ✖, ▼, ◇
Grutier : ✢, △, ❀, □
Guide : ❖, ◆, ◀, ☆

H

Horloger : ✢, ◗, ⍟, ✾, ◈
Hôtelier : ✢, ✤, ◀, ▼, ❖
Huissier : ✖, ▲, ✪, ◇, ◈

I

Illustrateur : ✢, ▶, ❖, △
Imprimeur : ✢, ❖, ✤, ▽, ✙
Infirmier : ✢, ★, ✸, □, ✧
Infographiste : ▶, ✢, ❖, △
Informaticien : ✱, ✤, ▼, ✣, ✙
Ingénieur conseil : ✤, ✱, ◆, ❖, ▷
Inspecteur du travail : ✖, ☆, ✾, ❀, ✣
Interprète : ✱, ◆, ❖, △, ☆

J

Journaliste : ✖, ❖, ✱, ◆, ▷
Laborantin : ✤, ✖, ✢, △, D
Libraire : ❖, ◆, ▼, ❀, ⍟
Livreur : ▼, ✪, ☆, ✺, ✥
Logisticien : ▼, ✤, ✺, ☆, □

M

Magasinier : ✖, ▼, ❀, ❁, ○
Maître d'hôtel : ★, ■, ◁, ✺
Mandataire judiciaire : ✖, ✤, ▽, ❁, ◇
Maquettiste : ✛, ❀, ▷, ⍟
Marbrier : ✛, ⍟, D, ▷
Marchand de biens : ✤, ○, △, ❈
Marin : ✤, ✛, ■, ✺, ☆
Mécanicien : ✛, ❀, ☆, ✺, □
Météorologue : ✤, ✱, ⍟, ☆
Métreur : ✤, ✛, ✥, ✺
Miroitier : ✛, ▷, ❈, D
Moniteur : ◆, ◀, ❈, ✢
Musicien : ✛, ◗, ❖, ❀, □

N

Navigateur : ✤, ★, D, ❁
Notaire : ✱, ✖, ◆, ❖, ✧
Nutritionniste : ✤, ✥, ❈, ❁

O

Opticien : ✤, ✛, △
Orthodontiste : ✱, ✤, ✛, ◇, ❈
Orthophoniste : ◆, ❈, ○, ⍟

P

Paysagiste : ✛, ❖, ▶, ▽
Peintre : ✛, ☆, D, ❈
Percepteur : ✤, ✖, ✢, ▽

Pharmacien : ✱, ◆, ✤, ▲, ❈
Photocompositeur : ◆, ✤, ❖, △
Photographe : ✢, ❀, ▷, △
Pisciculteur : ✢, ❀, ❁, △
Plombier : ✢, ✤, ✷, △
Podologue : ✤, ✢, △
Pompier : ✢, ✪, ✿, ✵
Prothésiste : ✢, ✤, ▲
Psychologue : ❖, ✱, ◆, ✖, ★
Puéricultrice : ◆, ▽, ❈, ☆, ✵

R

Réceptionniste : ★, ✷, ▽, ⚘
Représentant de commerce : ●, ▲, ✪, ▽, ✧

S

Sage-femme : ★, ✿, ▽, ❈, ✧
Sculpteur : ✢, ▶, ❖, ▲
Secrétaire : ★, ✷, ◇, ⚘, ○
Sondeur : ✖, ☆, ✪
Styliste : ▶, ✢, ❖, ◇, △

T

Tailleur : ✢, D, ✪, ☆
Technicien d'entretien : ✤, ✢, ✷, D
Télévendeur : ✪, ●, ◇, ✪
Toiletteur pour chiens : ✢, △, ✵
Topographe : ✤, ✷, ○, D
Traducteur : ◆, ✷, ❖, ✿

U

Urbaniste : ✤, ❖, ❁, ⚘, ▷

V

Vendeur en boutique : ★, ●, ✪, ✧
Vigile : ✖, ✷, ✪

Photocomposition CMB Graphic
44800 Sain-Herblain

Achevé d'imprimer en décembre 2003
dans les ateliers de Normandie Roto Impression s.a.s.
N° d'éditeur : FT121301
61250 Lonrai
N° d'impression : 03-3014
Dépôt légal : janvier 2004

Imprimé en France